Wolf Christian Schröder – **Die Weißweintrinker**

Wolf Christian Schröder

Die Weißweintrinker

Roman

Teil I

Prolog

Die Österreicherin. Er konnte nichts anderes denken. Die Österreicherin mit ihren Brüsten. Er brachte kein Wort heraus.

Er war eine alte Zwiebel, verschimmelt in einem Topf. Er war ein Weberknecht in einer Kellerecke, die Spinnenbeine nach oben gestreckt, den Tod in seinem viel zu kleinen Körper.

Er trank ein Glas Wein. Der Wein war kühl und leuchtete hell wie Wasser.

Königs Cousine war siebzehn, zwei Jahre älter als er. Er wollte etwas sagen, um sie loszuwerden, etwas Dummes, Abstoßendes.

Wie schlecht er tanzte! Die Band hatte aufgehört zu spielen.

Er war die Schnecke im Ameisenhaufen. Sie schäumte um ihr Leben.

Überall standen volle Weingläser. Überall Wein wie Wasser.

Er mochte ihn nicht, er tat ihm gut.

Wärst du lieber mit einem anderen auf dem Sommerfest? Ja. Mit dem Jungen dahinten.

Es war aber der Deutschlehrer, den sie meinte. Ich am liebsten mit dir.

Wörter wie Kröten kamen aus seinem Mund.

Ob er ihre Stiefel küssen dürfe? Ob er ihr Lakai sein könne?

Auf diesem Schulfest sollte er zerschellen. Er würde sich von der Schlossterrasse in die Tiefe stürzen.

Gehen wir auf die Terrasse? Seine Stimme war krächzend, eine Idiotenstimme.

Man sieht auf die Stadt hinunter.

Oder soll ich auf allen Vieren gehen wie ein Hund?

Die Österreicherin überlegte. Ihr österreichisches Gesicht war kühl und ausdruckslos. Er hätte sie gern an den Haaren gezogen, wie früher in der Grundschule – aber ihre Brüste waren bräunlich, die Warzen sicher dunkel und vorstehend: Sie besaß Macht über ihn.

Als sie hinausgingen, schauten ihnen König und ein paar andere Jungen nach, auch ein paar Mädchen; er spürte ihre Blicke wie einen Juckreiz zwischen seinen Schultern.

Ikarus. Der schiere Fels. Der Flug ins unbekannte Land.

Wie Gott sie geschaffen hat. Er musste lachen über den Ausdruck. An Gott glaubte er längst nicht mehr. Er sah sie im Wörthersee schwimmen.

Sie sahen auf die Stadt hinunter. Der Tag hatte noch Licht, noch konnte man viel erkennen, den Fluss und die Insel darin mit den nächtlichen Platanen.

Hast du keine Freundin, mit der du herkommen konntest? Nein.

Ich langweile mich mit dir. Du bist zu jung für mich.

Lass uns ein Glas Wein zusammen trinken. Dann kannst du zusehen, wie ich fliege.

Nur wenn er nicht wieder Unsinn rede, und sie tue es nur König zuliebe.

Er ging zurück in den Saal und holte zwei volle Gläser. Wenn ich zurückkomme, ist sie nackt, dachte er.

Willst du mich betrunken machen? Ja.

Und dann?

Er schwieg. Er hasste sie, ihre Macht über ihn. Unten lag glitzernd die Stadt.

Der Wein, dachte er, der Wein wird mich tragen. Es kam ihm jetzt vor, als müsse der Flug nicht nach unten gehen – nein, in die Lüfte würde der Wein ihn tragen. Weg von der Österreicherin, weg von allen.

Immer heller ließ der Wein die Lichter leuchten.

Falls sie es hören wolle, würde er jetzt von seinen Plänen erzählen.

Er begann von der Zukunft zu sprechen; von dem, was er vorhatte, sollte er den Flug, dem sie gleich beiwohnen werde, glücklich beenden. Er wolle ein Weißweintrinker werden.

Im Zwielicht war ihr missbilligender Blick nicht genau zu erkennen, und doch sieht ein Erfahrener allein an der Haltung des Kopfes, ob seine Werbung gefällt, ob er sich der Besitznahme des Mundes, der Brüste nähert oder davon entfernt.

Er redete sich um Kopf und Kragen. Er wolle der Welt Streiche spielen. Die Schule sei nur dazu da, dass er lerne, die übelsten Streiche zu spielen! Eine Schule des Mutwillens sei sie für ihn. Nichts davon war bis zum heutigen Abend seine Absicht gewesen. Alles hatte er sich gerade erst ausgedacht.

Das Mädchen war nun erschrocken, es griff nach ihm, wollte ihn von der Brüstung ziehen. Ihre körperliche Nähe erregte ihn, und als es ihr gelang, ihn herunterzuziehen, spürte er beim Ringen ihre Brust. Er war schwächer als sie, er war unterlegen.

Er werde im Übrigen nicht immer er selbst bleiben. Die Tage des Deppen, des Idioten seien gezählt. Er würde ausgelöscht werden, und ein ganz anderer würde an seine Stelle treten.

Keuchend von der Anstrengung des Kampfes stand er vor ihr.

Auch sie war außer Atem.

Ein Weißweintrinker wolle er werden! Alles Ernste sei ihm zuwider!

Er lauschte seiner Stimme nach. Das war ja ein Grölen gewesen.

Du bist betrunken! Sie hatte die Hand zum Schlag erhoben. Ein kleiner betrunkener Junge, der sich Hoffnung auf sie mache!

In seinem Kopf kreisten die Lichter. Jetzt werde er ihr seine Liebe beweisen.

Ein Gartenstuhl stand auf der Schlossterrasse, weißes Rohrgestell mit rotem Plastikgeflecht für Sitz und Lehne. Er nahm ihn mit beiden Händen und schlug eine Scheibe der Glastür ein. Alles, was er eben erfunden hatte über den Mutwillen, kam ihm nun richtig und notwendig vor.

In eben diesem Moment war im Schlosshof ein Feuerwerk gezündet worden. Alle anderen Gäste hatten den Saal verlassen und waren in den Hof getreten. Das Klirren des Glases war untergegangen im Krachen des Feuerwerks. Niemand außer der Österreicherin hatte den Liebesbeweis bemerkt.

Sie habe, das wolle sie ihm noch sagen, bevor sie zum Feuerwerk gehe, mit König über ihn gesprochen. Der habe sie gebeten, sich von seinem Freund küssen zu lassen. Sie habe das weit von sich gewiesen, aber insgeheim gehofft, dass es dazu kommen werde. Er habe ihr sogar gefallen, seine linkische Art habe sie erregt, und sie wollte ihn erschrecken mit ihrer Erfahrenheit.

Die Welt begann sich zu drehen. Ihre Stimme kam von weit her.

Es seien seine Äußerungen über den Mutwillen, seinen Lebensplan, die sie verabscheue. Sein Unernst flöße ihr Widerwillen, sogar Ekel ein!

Er wollte nach ihr greifen, damit sie ihn stützte, ihre nackten braunen Schultern waren breit genug – doch als er nach ihr griff, wandte sie sich ab. Er stürzte zu Boden.

Blut war auf seiner Stirn, er hatte sich die Hände aufgeschrammt. Sie war in den Saal gegangen.

Ich bin betrunken, dachte er. Man muss mich nach Hause bringen.

1

König, König, glaubst du wirklich?
Ein Kinderreim geht mir im Kopf herum. Vor Jahren hätte ich die Frage stellen sollen. Nur dieser Satz, durch jahrelange stille Wiederholung in die jetzige Form gebracht, ist noch manchmal da, wie ein lästiges stetes Summen und will vielleicht gar keine Antwort.

König sitzt aufrecht am Schreibtisch, das immer noch hübsche Naturburschengesicht angespannt, die Nase leicht gekräuselt.

Glaubst du, König, an ein höchstes Wesen? Ja, so formuliert könnte ich die Frage stellen. Doch ich tue es nicht.

Es ist Mai, draußen blühen die Bäume, auf der Neckarinsel gehen Liebespaare auf und ab und warten darauf, dass es dunkel wird. König und ich aber sitzen im Stiftszimmer und lernen für unsere Prüfung. König mit großem Ernst, mit dem schönen Ernst, den er sich erworben hat in den Studienjahren, ich mit dem Summen im Kopf: König, König, glaubst du wirklich? Laut aber sage ich in das altehrwürdige Zimmerchen hinein, in dem schon die besten Köpfe des Landes gesessen hatten: Sollen wir uns noch mal die Patristik vornehmen?

Lass uns Theologie studieren, hatte König gesagt.
Warum nicht? hatte ich gedacht, da es nicht aussah

nach einem Leben mit vielen Frauen und anderen Abenteuern. Und ich hatte mich nicht schlecht geschlagen, unter Aufbietung all meiner Willenskraft hatte ich tatsächlich fast zum Glauben gefunden, war nun Kandidat, genau wie König. Was aber soll ich anfangen mit den Seelen von andern, wenn meine eigene mir vorkommt, als sei sie nicht innen, wo es keine Materie mehr gibt ... Mir kommt es vor, als säße meine Seele außen, ein schäbiges, an mir herunterschlotterndes Gewand. Guck mal den da, mit seiner Außenseele!

König antwortet nicht gleich auf die Frage nach der Patristik, und so blicke ich, um ihm Zeit zu geben, an die Wand seines Stiftzimmers. Eine Kopie hängt dort, nein, ein Kunstdruck von Rembrandts „Apostel Paulus", es zeigt einen Greis, würdig und fröhlich, dem es sicher Spaß macht an Gott zu glauben, der sich freut eine neue Religion zu organisieren; er sitzt dort, einen Griffel in der Hand, das weiße Haar steht ihm unternehmungslustig vom Kopf ab.

So wartet er auf schöne Formulierungen. *Und auf dass ich mich nicht der hohen Offenbarungen überhebe, ist mir gegeben ein Pfahl im Fleisch, nämlich des Satanas Engel, der mich mit Fäusten schlage, auf dass ich mich nicht überhebe.* So wie dieser überlegene, ja arrogante Greis, so wollte auch ich gern dasitzen, von niemand geringerem als vom ersten Maler gemalt.

Nur die Prüfung noch, dann wirst du deine Gottlosigkeit gestehen.

Ich habe mir nämlich etwas vorgenommen: Dass ich in der Prüfung etwas rufen will, plötzlich und unvermittelt: „Stehen bleiben, Polizei!" oder „Hände hoch, Polizei!" – ich kann mich nicht entscheiden. Jedenfalls will ich eins von beiden rufen, und zwar mitten in der Prüfung, dann wollen wir doch einmal sehen, wie die Herren Prüfer reagieren! Was soll das, was reden Sie denn da? Ich aber werde ihnen ins Gesicht antworten: Im Spiel, im Streich sei ich Gott gleich. Dann ade, du schöne Pfarrstelle!

König, König, glaubst du wirklich?

Ich wohne ebenso wie König nicht mehr zuhause. König im Evangelischen Stift, wohin nur die Besten geraten, Hegel und so weiter. Ich hingegen habe meine braven Apothekereltern verlassen und bin in die Südstadt gezogen, in ein Studentenzimmer bei einer Österreicherin.

König war mein bester Freund, und mein Vorbild, gegen mich war er immer offen und hilfsbereit gewesen, nicht heimtückisch und hämisch, so wie gegen andere, auch Schwächere. Warum er unsere Freundschaft so pflegte – ich weiß es nicht.

Willst du denn nicht später die Apotheke übernehmen? Nein, sagte ich, ich bin zu Höherem berufen.

Daran sei nur König schuld, rief mein Vater. Es sei eine Schnapsidee von mir, Theologie zu studieren. Nur weil König diesen Weg einschlage, brauchte ich es ihm nicht nachzumachen!

Meine Mutter ist auch Apothekerin, sie hat sogar ein besseres Examen als mein Vater. Er wird, sagte sie, nach ein, zwei Semestern schon Vernunft annehmen, Paul. Er wird sich dann für Pharmazie einschreiben, er wird die Marktapotheke übernehmen – es wäre ja dumm, es nicht zu tun.

Ich wolle alle Ironie hinter mir lassen, antwortete ich. Mit der Ironie, in der sie mich erzogen hätten, brechen. Auch wenn es pathetisch klinge: ich wolle alles stehen und liegen lassen, um dem Ruf zum Glauben zu folgen.

Das alles ist so lange her, und in zwei Wochen ist das Examen.

Wieso bewirbst du dich nicht für das Stift? Das hat König mich vor langer Zeit gefragt. Du hast doch sehr gute Noten. Wieso nicht das Stift, das Annehmlichkeiten und Ehre einbringt, komm als Zyniker zu uns ins Stift, wo schon Größere waren als wir. Da werden wir Demut lernen!

Aber ich weiß nicht, ob König das ernst gemeint hat mit der Demut. Zu oft habe ich ihn früher anderen – nicht mir – etwas vorlügen hören.

Warum in die Südstadt? Du kannst das Dachzimmer haben, da bist du frei, da kannst du Damenbesuch empfangen – sagt meine Mutter lächelnd – da hast du deinen eigenen Eingang, da kannst du unbemerkt von uns deinen Neigungen nachgehen.

Dem Saufen und den Weibern!

Mein Vater zwinkert. Mit dieser kumpelhaften Herangehensweise wollen sie mich binden ans Haus, wollen mir täglich zeigen, wie bequem man es hier hat.

Ich aber bin Gott gleich, wenn ich scherze, wenn ich meine Streiche spiele, sogar mir selbst, und ich blicke in die geschliffene Scheibe der Apothekentür, in der ich mich spiegele, ein junger, hübscher, seltsam unangenehmer Mann, der den Eltern seinen Berufswunsch enthüllt. Das alles ist Jahre her.

Wie sollte ich ihnen damals erzählen, dass ich die Österreicherin, die Witwe, auf dem Marktplatz beim Einkaufen gesehen hatte, die Rhabarberstängel hingen mit den grünen Blättern aus ihrem Korb, dass ich ihr zu Fuß gefolgt bin bis in die Südstadt, das kleine hässliche Haus sah und dachte, ja, hier wirst du wohnen? Wie mir beim Anblick des Hauses der Idiot einfiel, Königs Freund auf der Schlossterrasse, der Kretin, und ich wusste, in dieses Haus musst du einziehen.

Es ist Mai, die Bäume blühen im Stiftsgarten, der Fluss treibt schnell vorbei, es ist eine gute Zeit.

Nein, er sei zwar manchmal ein Heuchler, an Gott aber glaube er wirklich, und habe sogar Angst vor ihm.

König, König, glaubst du wirklich?

Als ich wieder in dem engen Zimmer in der Südstadt sitze, kommt der Idiot zu mir. Er bestimmt mein Leben, soviel ich mir einrede, dass es die Witwe ist, die Österreicherin, meine Vermieterin. Nein, es ist der Idiot. Na, du Idiot, sage ich, und tue gelassen, und doch grübele ich nächtelang darüber nach, wie ich ihn loswerden kann, wie ich ihn rückwirkend vernichten kann, diesen Idioten von vor elf Jahren, und etwas anderes fällt mir ein: Wie König einmal, als Schüler noch, mit mir ihm Stehcafé stand, und durch die Schaufensterscheibe hinaussah auf den Strom der Passanten: Oh, den kenn ich, das ist so ein Idiot! – Oh, dieser Granatenspitz schon wieder! Oh, da kommt der! Ein Riesensäckel!

So ein Idiot wie die da draußen bist auch du, dachte ich. Nur die Schaufensterscheibe und Königs Freundschaft schützen dich.

Wenn ich ihn loswerden könnte, diesen Doppelgänger aus vergangenen Zeiten!

Es ist Nacht, und die Worte des Paulus fallen mir ein: *Und hätte der Liebe nicht, so wäre ich ein tönendes Erz oder eine klingende Schelle.*

Fliederduft kommt zum offenen Fenster herein. In anderthalb Wochen ist das Examen und ich müsste lernen, aber ich ringe mit dem Idioten Nacht für Nacht und würde ihn gerne ins Feuer werfen, und lausche, nackt auf meinem Bett, ob die Witwe nebenan nicht schneller atmet und was das bedeutete, und ziehe den alten Adam nicht aus.

Es ist aber so, dass ich an dem Idioten hänge, oder nicht an ihm, sondern an damals, als König noch alles bestimmte, als ich alles tat, was König vorschlug. Nun weiß ich, dass ich klüger als König bin, dass König trotz seiner Wohnung im Stift das Examen nicht schaffen wird, ich aber schon – ja, dass ich den Frauen besser gefalle als König. König, König, du hast mich verraten!

Denn der Sieg über ihn bestürzt mich und macht mich traurig – ich will ihn nicht.

Morgen werde ich wieder mit ihm lernen, damit er es doch noch schafft – vielleicht. König, sei wieder der Weltenrichter, der jeden kennt, der von jedem weiß, ob er ein Säckel ist oder ein Riesenspitz!

Und als die Gerüche von Flieder und Sperma sich vermischen, omne animal triste est, kommt mir blitzartig die Erkenntnis, dass ich die Witwe will, damit es so ist wie damals, dass ich in ihrem Schoß die Zeit zurückdrehen will.

Und ein Gedanke überkommt mich: Was, wenn sie auf den Markt geht, ihren österreichischen Akzent hören lässt und so junge Männer anlockt, damit sie zur ihr in die Südstadt ziehen, damit sie ihr zur Hand sind, wenn sie sie braucht? Sie wird dich, sagt der Idiot von damals, dich und deine Gefährten – und wirklich wohnen noch zwei andere Studenten hier –, sie wird euch verwandeln. In was? rufe ich dem Idioten zu.

Siehst du, Idiot, so einfach geht das: Ich schlafe. Wo ist dein Stachel? Nur nicht verrückt werden, nur nicht verrückt machen lassen, das ist doppelt wichtig, wenn es kein höchstes Wesen gibt.

Haben Sie geweint?

Ich räuspere mich in der kleinen Küche, in der die Studenten, der Chemiker, der Astronom und ich, aber auch sie, die Witwe, ihre Speisen zubereiten.

Ich sei Theologe, sie könne mir alles erzählen.

(Manchmal setze ich mich in Lokale und spreche Mädchen so an.)

Im Morgenlicht sieht sie älter aus, wie fünfunddreißig. Wann ist Ihre Prüfung?
Ich sage es ihr, übertreibe aber wie immer. Sehr, sehr bald, in einer Woche schon.
Ich übe fürs Pfarramt, und frage, während ich mir Tee bereite: Wie lang ist Ihr Mann schon tot?
Sie lächelt und schüttelt den Kopf, und mir fällt ein, dass ich ihr diese Frage schon einmal gestellt habe, sie die Begehrlichkeit in meinem Blick entdeckt hat und in ein Lachen ausgebrochen war: Wie ein kleiner Junge benähme ich mich und hätte keinerlei Chance.
Sie nehmen nichts ernst, sagte sie zornig. Sie hat schön geschwungene, schwarze Augenbrauen, die über der Nasenwurzel fast zusammenwachsen, österreichische Brauen.
Kann ein unernster Mensch nicht trotzdem gut sein? antworte ich.
Soll ich Ihnen etwas Ernstes sagen? Meine Mutter hat Krebs. Sie lügen ja! schreit sie mich an, immer jünger, immer schöner, gleich wird sie die Hand zum Schlag erheben.
Der Astrophysiker kommt herein und beendet unser kleines Gespräch: Gott würfelt.
Es ist ein kleiner Scherz von ihm, er macht ihn jeden Morgen, wenn er mich sieht.

Aber er wirft immer die Sechs, antworte ich. War das nicht gut? und ich blicke der Witwe Beifall heischend in die Augen, gibt es keine Belohnung? Sie aber wendet sich unwillig ab.

All diese Worte! Schwätzer wie Jesus und Paulus. *Wer mit dem Engel ringt, sollte stumm bleiben. Aber der Herr hat mir die Gabe der Rede gegeben.*

Es war ein heißer Tag, zu heiß für den Mai, und ich bin aus dem Stift zurück in der Südstadt. Den ganzen Vormittag und Nachmittag hatte ich mit König gepaukt, er jedoch wird immer dümmer und weiß die einfachsten Stellen nicht mehr. Vom Korn, das zugrunde gehen muss, damit ... Wo? Er weiß es nicht! Wie ein Säckel sitzt er vor mir – ein gefallener Klassenprimus! Am Nachmittag weiß er wieder auf meine Fragen, wie sie ein Examinator jederzeit stellen kann, keine Antwort. Säße er nur wie ein Häuflein Elend vor mir, so könnte ich vielleicht mit ihm reden über seinen Zustand, aber er pfeift und sieht zum Fenster hinaus, selbstgefällig, ja, und auch dick geworden, und ich kann ihn nicht retten.

Ich kann König nicht retten. Todunglücklich komme ich zu rück nach Hause.

Sie aber ist in der Küche bestens aufgelegt, wie ja oft die Menschen nicht gleichzeitig einer Laune sind, sondern der eine glücklich, der andere verzweifelt, und wenn sie auch im gleichen Raum sind zur gleichen Zeit, so wohnen sie doch in völlig verschiedenen Ländern und können nicht zusammenkommen.

Hättest du nicht Lust, König, einmal mit einer Axt auf ein Auto einzuschlagen, so, dass sie stecken bleibt?

König, willst du, dass ich zum Arzt mit dir gehe? Man könnte, sagte ich, ein Attest erwirken und die Meldung zur Prüfung zurückziehen. König, wenn du willst, verschiebe auch ich mein Examen.

Nein, antwortet König träge und wendet den Blick vom Fluss ab hinauf zum Apostel Paulus an der Wand. Gott werde ihn die Prüfung bestehen lassen.

Ich möchte, nach getaner Liebe, noch etwas länger zwischen den Schenkeln der Witwe verweilen und ihr von König erzählen, von meiner Sorge um ihn.

Jetzt weiß ich es wieder: Glaube, Liebe, Hoffnung, 1. Korinther, 13, 13. Eigentlich aber heißt es Glaube, Hoffnung, Liebe. Wie ich das vergessen konnte!

Gut, König, gut! Es geht doch!

Doch das ist das allereinfachste Zeug, was wird sein, wenn die schwierigen Fragen kommen, die Patristik, gar das neuplatonische Erbe? Und ich lobe ihn mit dem Mut der Verzweiflung.

König selbst aber ist begeistert von diesem ABC-Schützenwissen, dankt Gott und faltet sogar die Hände. Wie widerlich mir das ist. Was ist mit König? Ist er krank? – Wie ist dein Griechisch?

Hast du da viel vergessen?

Er schüttelt den Kopf mit fettglänzendem Kinn. Seine Augen so dumm jetzt, so gottergeben. König, wo hast du diese Froschaugen her, rufe ich verzweifelt.

Viele sind berufen, doch nur wenige auserwählt. Nicht – wählt – wählet! Wie viel knapper kann man diese grausame Wahrheit noch formulieren. Wählet, wählet, murmele ich vor mich hin, während die Sonne auf den Neckar scheint und König hinausblickt, einen glücklichen Ausdruck im Gesicht, wählet, wählet, als ginge ihn dieser unendliche Auswahlprozess, dieses ewige Casting Gottes nicht das Geringste an. Wie schön wäre es allerdings, wenn es Gott wirklich gäbe und er käme herbei und hülfe König, ließe ihn abschreiben von sich, sagte ihm vor in der Prüfung, besser als ich es kann.

König, komm, noch einmal ein kleiner Text aus dem Griechischen übersetzt und alle problematischen Formen bestimmt!

Langsam wendet der Fleischkloß den Blick vom Fenster, sieht in den Urtext, den ich ihm vorhalte und übersetzt, gar nicht schlecht, ein Wunder! *Am Anfang war das Wort.* „Im" Anfang gefällt mir persönlich besser. Im Anfang war das Wort, weiter, – König! – und das Wort war bei Gott, und Gott war das Wort.

Du weinst ja!

Ja, ich weine, wie fast immer, wenn ich dieses Kauderwelsch höre, es ist eine Rührung, die mich überfällt, wenn das schwache Wort plötzlich höchste Macht, höchste Ehren beansprucht, und dann ist mir manchmal sogar, als sei ich nur einen winzigen Schritt vom Glauben entfernt.

Du weinst ja! wiederholt König und ich lache und sage ihm ins Gesicht, aber das soll uns nicht anfechten, König, übersetz nur weiter, und er macht es nicht schlecht, bis ich sage, lass uns eine Pause machen, lass uns ins Stehcafé gehen, König, und du zeigst mir sämtliche Säckel der Stadt!

Erstaunt sieht er mich an.

Hat er das vergessen, will er davon nichts hören? König, einmal standen wir vor langer Zeit ... und du hast ... jedem seinen Wert zugeschrieben. Wie Gott.

Er wolle von dem alten Quatsch nichts mehr hören, winkt König ab.

Wieder stehen wir an dem Tisch hinter dem Schaufenster und blicken über die Kaffeebohnen zur Straße hinaus. Aber König schweigt, will keinen erkennen, kennt vielleicht wirklich niemanden mehr, will keinen mehr benennen und verdammen, nicht gottähnlich mehr, nur ein gottesfürchtiger Trauerkloß.

Bist du krank, König?

Er schüttelt den Kopf. Es gehe ihm ausgezeichnet, er ruhe fest in sich. Der salbungsvolle selbstsichere Ton, in dem er das sagt! Als sei er Pfarrer, als sei ihm eine Pfarrstelle längst sicher.

König, König, glaubst du wirklich?

Ich werde mich von Maria trennen, sage ich, während draußen das Heer der Idioten der Säckel und Spitze vorüberzieht, ohne dass es König anficht.

Warum? Das kannst du nicht tun! Aber auch wenn seine Stimme betroffen klingt, so liegt darunter die Sicherheit des Seelsorgers, den nichts erschüttern kann, die maßlose Anmaßung des Glaubenden, für den die Welt nur Gottes Spielzeug ist und er dazu eingeladen, mitzutun.

Das war nur ein Witz, König.

Ja, König, Reife und Verblödung liegen dicht beieinander! Immer will König ein reifer Mensch sein, alles Handeln muss „reif" sein, ich aber ziehe ihn auf und sage, er habe schon Druckstellen. Alles prallt an diesem Erdenkloß ab, unsere ganze Jugend. Oh, den kenn ich, sage ich und deute hinaus. So ein Riesenspitz!

Aber ich bin nicht bei der Sache. Maria, denke ich, nun werde ich dich verlassen, denn schon längst ist meine Geliebte mir langweilig geworden, unsere Gespräche über die Bibel fruchtlos.

Ja, sie streckt mir im Bett ihr schönes Gesäß entgegen, aber nur mir zu Gefallen, als einen Akt christlicher Nächstenliebe. Ich bin nicht einmal berufen, sage ich oft danach, und das macht sie traurig, sie weint sogar.

Wir tranken den Kaffee aus, verließen das Stehcafé und gingen unserer Wege. Etwas ist entzweigegangen im Laufe der Zeit, und ich habe keinen Halt.

2

Ich bin nach langer Zeit wieder zum Essen im Stift, als Königs Gast, auf sein Drängen. Ich gehe nicht gern dorthin, obwohl das Essen besser ist als in der Mensa.

Mein Blick schweift über den Speisesaal mit der gleichen Mischung aus Neugier und Gereiztheit wie beim ersten Mal. Gut, der Neugieranteil ist etwas kleiner geworden, der Anteil an Gereiztheit gestiegen. Nichts hat sich verändert, die Fenster zur Neckarfront, die Holzsäulen, die niedrige Decke.

Als wir uns gesetzt haben, tragen die Kneonten das Essen auf. Die Stipendiaten haben Diener, die Kneonten, es ist wohl eine verballhornte Form des alten Griechisch für Knecht. König isst bereits, ein Kneont hat ihm einen Schweinebraten aufgetischt, und er hört mir nicht zu.

Vom Herrentrippel, dem Podest, wo an einem langen Tisch die Repetenten und der Ephorus, der Leiter des Stifts sitzen, winkt mir jemand zu. Ich aber reagiere nicht. Der, der gewunken hatte, war jemand, den ich nicht sehen wollte – Repetent Fux. Dr. Fux ist Königs Mentor im Studium, er betreut ihn in allen Studiendingen. In dieser wichtigen Phase aber will König ihn nicht mehr hineinsehen lassen in seinen Wissensstand und hat sich mich ausgesucht – keinen Stiftler, einen Außenseiter.

Das muss den Repetenten kränken, trotz seines Lächelns, trotz seines Winkens. Fux war es auch gewesen, der beim Konkursgespräch, als König und ich überlegten, uns gemeinsam für das Stift zu bewerben, auf mich eingeredet hatte: Sie und König könnten ein Dioskurenpaar werden, so wie früher, ich wisse schon, die Namen der Giganten brauche er nicht zu erwähnen. Fux mit seinem füchsischen Intellektuellengesicht!

Schon ist er neben mir, und ich rieche den Asketenatem, getarnt mit Pfefferminz. Auch Fux, der Asket, schlemmt hier fast jeden Tag.

Ich muss mit Ihnen reden.

Worüber? antworte ich, nachdem ich gekaut und geschluckt habe. Fux macht nur eine leichte, fast unmerkliche Kopfbewegung zum essenden König hin.

Über König? frage ich laut. König lacht.

Ja. Fux ist rot geworden, lächelt aber dabei. Lassen Sie uns in den Karzer gehen, dort sind wir ungestört.

Ich werde von einer seltsamen Laune getrieben. Die Pläne des Idioten fallen mir ein, und ich stehe auf mit scharrendem Stuhl und gehe zum Lesepult, aus einem uralten Krautfass gemacht, an dem sonst Tischgebete gesprochen werden und kleine Predigten vor oder nach dem Essen, trete an den Krautständer und rufe mit Predigerstimme: Dr. Fux will im Karzer mit mir über König reden! Ich aber frage euch: Soll ich meines Bruders Hüter sein?

Was bist du nur für ein Theologe! schleudert mir eine junge Theologin entgegen.

Solche muss es auch geben, sagt Fux zu ihr.

Er hakt sich unter bei mir und führt mich aus dem Saal, und ich sehe noch König, der weiterisst, und die Kneonten, die beim Abräumen feixen und sich freuen über die Szene.

Dann im Karzer betrachte ich die Fresken: Rohe und weniger rohe Malereien längst verstorbener Delinquenten, freche lateinische Texte quellen den gezeichneten Figuren aus dem Mund.

Sie hätten mich, rufe ich in das Intellektuellengesicht, im Polizeigriff hierher führen sollen!

Ja, vielleicht, antwortet er und lächelt schmerzlich, kommt dann aber gleich zur Sache.

Was ist mit König? Lernt er gut? Wird er es schaffen? Ich war sein Mentor, Sie aber haben ihn mir weggenommen!

Das sei auf Königs eigenen Wunsch geschehen, antworte ich, und es stimmt, ja, ich bin mir, als ich das sage, seit Wochen zum ersten Mal sicher, nicht gelogen, sondern die reine Wahrheit ohne die geringste Beimengung von Lüge gesagt zu haben. Aha, so etwas gibt es noch, denke ich verwundert.

Er wisse das und wolle mir keinerlei Vorwürfe machen, lenkt Fux ein. Er sorge sich nur um König, der Duft nach Pfefferminz im Abnehmen begriffen, und nun rieche ich ihn wieder in seinem Atem, diesen füchsischen Geruch nach heimlich gegessenem Fleisch. Wenn ich diesen Hochbegabten durch das Examen führte, dann seien er und das Stift mir ewig dankbar.

Ich tue alles für meinen Freund, antworte ich, ja, sollte ich durchfallen und er bestehen, so mache mir das nichts aus, ich wäre sogar froh darüber.

Weil Sie gottlos sind! schreit Fux mir ins Gesicht.

Ich tue es aus Nächstenliebe, antworte ich, rot geworden, aus Nächstenliebe lerne ich mit ihm. Das habe ich mir zurecht gelegt: Kommt man mir mit Gottlosigkeit, kontere ich mit Nächstenliebe, Prädestinationslehre oder Ähnlichem, und ein Vers aus der Odyssee fällt mir ein, wo es von Odysseus, dem alten Heiden, heißt:

Doch vermied er die Wahrheit mit schlauabweichender Rede, und sein erfindungsreicher Verstand war in steter Bewegung. Fux kennt die Stelle sicher.

Ja, sage ich, er macht Fortschritte, vielleicht wird er die Prüfung bestehen, wenn vielleicht auch nicht so, wie wir es früher von ihm erwartet haben, nicht mit fliegenden Fahnen, sondern vielleicht mit einer bäuerlichderben Note, einem Genügend zum Beispiel, einem gerade noch Ausreichend, sage ich, vom Karzer und Fuxens Fürsorge für meinen Freund provoziert.

Gut, lacht Fux, nun ganz entspannt, gut! Das freue ihn. Nun aber wolle er mir noch eine Frage stellen, die mit König nichts zu tun habe. Seine Augen glühen jetzt stärker, jetzt, denke ich, kommt er auf sein Lieblingsthema zu sprechen, und das ist gar nicht König: Ich sei doch in Seminaren und Vorlesungen von Professor Bartholdy gewesen, und, als ich gelangweilt nicke, ob mir nicht vielleicht bei ihm – bei Bartholdy – Unsicherheiten beim Altgriechischen, falsch zitierte Bibelstellen oder anderes aufgefallen seien?

Jetzt, da er fragt, fällt mir allerlei dazu ein. Aber ich sage es nicht, aus Trotz, sondern sage nur Nein, und vergesse seine Frage dann wieder.

3

Mir war, als presste jemand mein ganzes Leben in diese Wochen, in die Zeit vor meinem Examen. Als müsste nach der Prüfung alles gelöst sein, alles verändert, und ich frei inmitten der kahlen Wüste des Neuanfangs stehen, der erste Mensch auf einer jungen, Schrecken erregenden Welt.

Ich war den Weg zum Haus meiner Eltern, den steilen Hügel hinauf, zu Fuß gegangen. Im Gehen, im Steigen, so hoffte ich, würden mir die Worte zufliegen, die ich dort oben sagen wollte. Anfangs hatte ich noch gepfiffen, Schlager und Kirchenlieder – auch darin werden wir ja geprüft –, aber dann war mir vom Steigen die Luft ausgegangen. Mir fiel nichts ein. Wer sollte mir die Worte auch eingeben? Der Heilige Geist? Sicher lächelte ich bei diesem Gedanken so, wie es meine Mutter nicht an mir mochte: Spöttisch und begeistert von der Macht über Verstand und Worte. Und wenn es mich auch stolz macht, so auszusehen, so nehme ich mir ihre Äußerung doch jedes Mal zu Herzen und verfluche die Tatsache, dass ein Mensch den anderen immerzu spiegelt ...

Im Gehen stellte ich mir vor, ich wäre ein Landpfarrer von früher, der zu einem Gemeindemitglied wandert, das danach lechzt, die Botschaft der Religion zu hören. Meine Eltern aber sind Atheisten.

Jetzt bin ich zum Mittagessen eingeladen. Unschlüssig steht der Landpfarrer vor dem Einfamilienhaus, dem Haus des Apothekers. Das alte Dach, die Mauern aus gelbem Sandstein, der wilde Wein, sind so schön, dass mir ein Kloß in die Kehle steigt. Ich versuche zu klingeln wie ein Fremder.

Sie sitzt im Garten.

Mein Vater gibt mir die Hand.

Ein Lächeln ist jetzt angebracht, als Zeichen, dass ich mich freue, ihn zu sehen. Aber es ist wohl nicht sehr natürlich aus gefallen, ich merke es an seinem Gesicht. Wir Spiegel! Ein verlogenes Pfaffenlächeln ist es wohl gewesen.

Und, bitte, komm deiner Mutter nicht mit billigem Trost!

Ich bin ja längst als Heuchler ertappt, und selbst wenn man das, was man nur heucheln kann, aus tiefstem Herzen herbei sehnt, so bleibt man doch ein Heuchler, solange man es nicht erreicht.

Der Trost ist nicht billig, sage ich und lächle wieder, und merke, ich habe es besser gemacht.

Sie liegt im Liegestuhl auf der Terrasse, eine sehr große Sonnenbrille bedeckt ihr halbes Gesicht, und als ich mich hinunterbeuge, damit sie sich nicht aufsetzen muss, umarmt sie mich wie immer. Wie ich dieses „wie immer" liebe und brauche! Jetzt möchte ich wieder klein sein und sie soll Erdbeeren bringen.

Nun, wie geht's Gott? fragt sie lachend.

Ich antworte nicht gleich, sondern setze mich auf den Rattanstuhl neben ihr, schaue auf den Flieder, dessen Duft vom anderen Ende des Gartens zu uns weht. Wie schön es hier ist, wie schön im Garten im Mai in der Sonne zu sitzen, was geht mich da Gott an, was das Examen, was gehe ich mich an, wenn ich hier nur sitze!

Er schläft und träumt, sage ich. (Wer hat das gesagt? In der Prüfung muss ich es wissen!)

Das ist schön, sagt sie und nimmt meine Hand, als seien wir Liebesleute, an so jemand, der schläft und träumt, könnte ich fast glauben.

Was lachst du?

Ach, lüge ich, es sei nur Witz, ein alter Witz sei mir eingefallen. Erzähl ihn mir.

Was brauchen wir Witze in diesem schönen Garten. Wie pastoral ich klinge!

Schau, die schönen Schmetterlinge.

Ich werde Geistlicher werden und alle belügen.

Meine Mutter war einmal schön, ich bin hässlich dagegen, wenn auch weit weniger hässlich als mein hässlicher Vater. Mein älterer Bruder aber hat die Schönheit meiner Mutter geerbt. Er ist in Amerika, lehrt dort

Wirtschaft an einer berühmten Hochschule. Alles gelingt ihm, nichts kümmert ihn außer er selbst, das aber auf natürlichste Weise, so dass man ihn für seine Egozentrik noch liebt. Manchmal denke ich, so jemand sollte Seelsorger sein, einer, der nicht sehr auf andere achtet, in dessen Gegenwart man sich aber dennoch äußerst wohl fühlt. So könnte vielleicht auch Gott sein. Was lehrt uns nun diese Schönheit, diese Hässlichkeit über Gottes Pläne? Nichts, oder ich weiß es nicht. Und aus der Wut heraus, die mich stets ergreift, wenn sich etwas meinem Wissen entzieht, sage ich:

Sollen wir nicht doch über Gott sprechen?

Wir hatten abgemacht, dass du uns nicht bekehrst, antwortet sie.

Wie schwierig es ist, nicht von der Krankheit zu sprechen! Während ich mit meiner Mutter die Natur genieße, steigt wieder die Angst in mir auf, dass ich eines Tage dem Idioten nicht mehr gewachsen sein werde, dass der Idiot mich wieder übernimmt und ich in ihm verschwinden werde.

Wenn es Gott gibt, und wenn er gut ist, dann wird er dir beistehen.

Sie tut, als habe sie nicht gehört und blinzelt in die Sonne. Mag auch sein, dass ich es gar nicht gesagt habe, so wohlig ist mir hier im Garten zumute. Wie schön meine Mutter immer noch ist! Wie eifersüchtig war ich als Kind, wenn fremde Männer mit meiner Mutter tanzten. Hilflos sah ich zu, wie sie ihr die Hände auf den nackten Rücken legten, sie drehten und schoben, wie sie nur wollten. Ja, sie lächelte dabei! Nun aber wächst ein Ding in ihr ...

Und, fragt sie träge, was machen die Vorbereitungen auf die Prüfung?

Ich käme sehr gut voran, antworte ich, ich brauchte eigentlich nicht mehr zu lernen. Ich beherrsche den Stoff, wüsste auch, setze ich lachend hinzu, schon recht fromm zu gucken, wenn ich die haarsträubendsten Lehrsätze und Dogmen – Dogmata füge ich spöttisch hinzu – heruntebetete. König jedoch, mein Freund König, der mich zum diesem Studium verführt habe, König mache mir Sorgen, und so lernte ich Tag um Tag mit ihm.

War dein Freund nicht immer ein Musterschüler? murmelt meine Mutter in die Sonne, so als erinnere sie sich an unwichtig gewordene, alte Geschichten, so als seien wir alle schon tot und erinnerten uns nur noch – wie es die Toten eben bisweilen tun zu ihrer Zerstreuung.

Ja, aber seit wenigen Monaten habe sich eine Art Dummheit über ihm ausgebreitet, eine Art Nebel. Nichts könne er behalten, weil, so sage er selbst, er es nicht mehr verstünde. Trotzdem, rufe ich, ist er vergnügt, erkenne zwar die Bedrohung, aber verlasse sich ganz auf Gott, so wie sich die Armen auf den Staat verließen. Es interessiert sie nicht, dass ich mich dafür hasse, mit König – so wie er jetzt ist –, nicht mehr befreundet sein zu wollen. Ich spreche nicht weiter ...

Und schon fragt sie nach Maria.

Sie wird eine gute Pastorin werden, antworte ich.

Das hört sich verdächtig an, und sie nimmt die Sonnenbrille ab, um mich besser zu sehen.

Wie fein ihr Gespür doch ist! Wie gut sie selbst jetzt, da sie sich sicher sehr mit sich selbst beschäftigt, in ihren Sohn hinein hören kann!

Ich werde mich trennen von ihr, sage ich, und suchte nachts, wenn ich ihm Bett läge, nach den passenden Worten. Doch warum ich mich trennen will, wüsste ich nicht und ich brauchte die Worte, um es mir selbst zu erklären.

Ja, sagt sie zu meinem Erstaunen, das kenne sie. Aber Maria ist nett. Ist sie dir nicht hübsch genug?

Das auch, sage ich und nehme ihre Hand und streiche sie, wie es Spencer Tracy als Priester in einem Film tut. Und als würde diese Geste sie an ihre Krankheit erinnern, so liegt jetzt eine alte Frau im Liegestuhl, grau im Gesicht, und die Krankheit grinst aus ihr heraus. Wie wurscht könnte mir das sein, wenn es nur ein höchstes Wesen gäbe!

Nachher, nach dem Essen mit ihnen, träfe ich sie, um es ihr zu sagen.

Aber sie hat wohl nicht zugehört, ein Schmerz sie vielleicht abgelenkt und sie lächelt, als hätte ich ihr etwas Schönes er zählt.

Erwarte dir nicht zu viel vom Essen, sagt sie, als der Gong ertönt.

Mein Vater hat gekocht, um sie zu entlasten: Mein Lieblingsgericht, die Rouladen, sind nicht wiederzuerkennen.

Sie hätten köstlich geschmeckt …

Sie haben furchtbar geschmeckt, sagt meine Mutter, um mich zu stoppen und nimmt die Hand ihres Mannes und streichelt sie. Ja, du hast sie ruiniert, sage ich endlich und der Bann ist gebrochen, du hast das Essen ruiniert. Du bist eben nur Apotheker.

Nach dem Mittagessen brach ich auf, umarmte meine Mutter, gab meinem Vater die Hand. Auch wenn ich Pfarrer würde, sagte ich lachend, sollten sie mir die Elternliebe nicht entziehen, und blickte in ihre Atheistengesichter, die sich rasch zu einem Lächeln verzogen. Ich sei zu witzig für einen Geistlichen, antwortete mein Vater. Ich nannte Abraham a Sancta Clara – es sagte ihm nichts. (Wir schämen uns unser gegenseitig, doch vielleicht soll das so sein zwischen Eltern und Kindern.)

Über die mächtige Krankheit, die uns drei so beherrschte, hatten wir kaum gesprochen.

4

Es war die Zeit, als meine Mutter erkrankte, als ich den Freund ins Unglück stürzen sah und ich mich trennte von meiner langjährigen Geliebten; es war diese Zeit der Prüfung, die ich für die glücklichste meines Lebens halte. Eine gute Laune hüllte mich ein, unerschütterlich, und vielleicht war ich Gott niemals näher gewesen. Gott ist gute Laune, dachte ich, als ich das Haus der Todgeweihten verließ, und den Weg hinunter in die Stadt nahm. Ich pfiff vor mich hin. Aber was konnte ich dafür, dass mich eine Hochstimmung ergriffen hatte, dass ich unbekannte Passanten grüßte? Lustigste Gedanken schossen mir durch den Kopf – *Heaven can wait, but not for those capsules,* alte Kinderverse: Banane, Zitrone, krauses, uraltes Zeug. Dahinter aber lag, ein dunkler Schatz, das Wissen, das ich für die Prüfung brauchte.

Es war halb drei, die Stunde, in der Maria und ich uns nach dem Essen in der Mensa von den Freunden zurückgezogen hatten. Fast im Laufschritt waren wir, einander an den Händen haltend, zu ihrem Wohnheim gegangen, und dort erkannte ich die Streberin nicht wieder. Mit Inbrunst entkleidete sie mich, sie selbst war schon nackt, ihr norddeutscher Pastorinnenkopf mit dem kurzen blonden Haar, den träumerischen Augen saß nun wie zum Spott auf einem eher dunklen, begehrenswerten Körper. Auf dem Höhepunkt, sagte sie, fühle sie sich Gott nahe. Ich machte dann einen Scherz daraus, nannte das, was wir trieben „Gott nahe sein", „lass uns Gott nahe sein um halb drei", – sie aber merkte, dass sie mir ihr Innerstes nicht offenbaren konnte und sprach nie wieder davon.

Plötzlich wusste ich nicht mehr, warum ich mich trennen wollte, und eine Trauer erfasste mich, dass alles zu Ende gehen muss: Die Studienzeit, die Liebe, vor allem man selbst.

Ich war am Wohnheim angekommen. Ein Weißweintrinker hatte ich werden wollen, ein ewig Scherzender, unernst bis zum Letzen. Nun war ich ein alter Mann, verglichen mit dem Idioten. Bienen umsummten das messingglänzende Klingeltableau und nahmen es für Blumen.

Endlich läutete ich. Ich fühlte mich elend. Ja, ich war ein alter Mann und wusste nicht, was ich wollte. Schluss machen, war es das?

Ich hätte nicht unser Zeichen geklingelt, sagte sie, als wir in ihrem kleinen Wohnheimzimmer standen, in das nur einer passt, zwei sind bereits zu viel; vielleicht kann man in solch einem Zimmer nicht anders, als eins zu werden.

Sie trägt ein Kleid, sie ist geschminkt, unangemeldet bin ich gekommen, sie aber hat es vielleicht geahnt.

Ich hätte geläutet wie ein Fremder.

Ich will mich trennen von dir, sage ich mit dem Übermut der Jugend.

Sie hat schon Kaffee gemacht und setzt ihn mir vor. Wie immer. Wir hätten uns ja öfter über Heuchler unterhalten.

Wir trinken zusammen den starken Kaffee, die Sonne scheint durch das große Fenster, zu groß für dieses kleine Zimmer. Fünf Jahre bin ich mit Maria zusammen.

Jetzt erst, da das Wort „Heuchler" gefallen ist, jetzt erst merkt sie, dass es ernst ist.

Ob ich schon gegessen hätte?

Ja, bei meinen Eltern, antworte ich. Immer ernster wird uns beiden zumute.

Bist du vielleicht gekommen, sie lacht, um mir einen Heiratsantrag zu machen?

Und zum Spaß stimme ich in ihr Lachen ein. Das genaue Gegenteil, antworte ich. Könnte man doch die ganze Sache so spaßhaft zu Ende bringen!

Jetzt sollten wir Weißwein trinken. Zur Trennung. Ja, sagt Maria, sie habe welchen da.

Ich bin aufgestanden, gehe auf und ab in dem engen Käfig, und ich spreche laut mit mir, als sei Maria gar nicht da, spreche laut mit mir selbst: Warum nicht einfach weitermachen, Liebe hin oder her, warum nicht weitertreiben, die Katarakte des Lebens hinunter, bis man zerschellt, mit gutem Glauben einfach die Augen schließen, ja, warum jetzt nicht ein Heiratsantrag statt der Trennung?

Maria weint bereits. Der Zeitpunkt ist festgehalten: Es war, als ich von den Katarakten des Lebens sprach, oder vielleicht nur etwas später, erst beim Zerschellen.

Maria, es tut mir so leid.

Warum?

Ja, warum, denke ich. Warum nicht Pastoren werden tief in der Wildnis der Schwäbischen Alb?

Wie gern würde ich jetzt mit Maria weinen! Aber kein Erbarmen mit mir, kein Erbarmen mit niemand.

Ich möchte allein mit mir sein, sage ich, um ihrer Frage nach einer anderen Frau zuvorzukommen, ich sehne mich nach der Ruhe des Mönchischen.

Die Wände sind dünn im Wohnheim, und mit einem Mal ist mir, als hörte man aus der Zelle, aus dem Zimmer neben uns, wie sich ein Paar trennen will und streitet.

Hörst du? Hörst du, Maria? und ich zeige auf die Wand. Sie wollen sich trennen und streiten.

Wir hören zu, auch Maria, wir hören alles und etwas wie eine Aura umgibt uns, während wir lauschen.

Sollen wir nicht, denke ich, es dem anderen Paar, den Fremden überlassen, ob wir uns trennen? Sollen wir nicht einfach ihrem Beispiel folgen? Aber ich sage es nicht und schelte mich für diesen Gedanken. Viel zu oft habe ich so Entscheidungen delegiert an Gott und Zufall!

Ich will, ich muss ein neues Leben beginnen, hören wir die Frauenstimme rufen. Der Mann redet langsamer, leiser, man hört ihn kaum.

Ich muss an den malaiischen Zauber, an die malaiische Nachahmungskrankheit denken, bei der man alles nachmachen muss, was man bei einem anderen sieht: Man spricht ihm nach, was er sagt, hebt er den Arm, tut man dasselbe, und wenn er es merkt, spielt er wie ein Puppenspieler mit einem und bringt auf den Straßen, auf dem Markt, die Zuschauer zum Lachen. (Der Kranke aber verliert sein Gesicht für immer.)

Du wirst mich nicht los, denn ich liebe dich.

Nun doch die Stimme des Mannes, fast schluchzend, aber doch drohend.

Ich will morgens aufstehen, und nichts ist entschieden, nichts steht fest! schleudert die Frau dem Mann entgegen. Das kann ich nur ohne dich.

Wir sollten nicht lauschen, flüstert sie mir zu. Aber ich sehe ihr an, dass sie ahnt, dass dieses Lauschen mich von meinem Entschluss abbringen könnte, dann werden wir uns genauso wie das andere Paar in die Arme sinken. Und hat recht. Und nun fällt mir ein, dass Maria in einem Ausflugslokal letzten Sommer beim Wein von einem Paar erzählt hat. Eine Frau wohne neben ihr, sie sei ganz klein, fast eine Zwergin, der Mann über zwei Meter groß, die sich permanent trennen wollten, es aber nie zuwege brächten. Ist das Paar die kleine Frau und der große Mann? brülle ich Maria plötzlich an, so als hätte sie die beiden ins Nebenzimmer bestellt.

Das Paar schweigt. Sie haben mein Brüllen gehört. Nun wissen sie, denke ich lächelnd, dass ich alles durchschaut habe.

Dies eine Mal noch, und dann scher dich zum Teufel!

Und der Mann murmelt etwas, jaja, nur dies eine Mal noch, ich verspreche es, Jesebel.

Steht Triumph Maria ins Gesicht geschrieben? Sie hat meine Hand genommen und legt sie auf ihre Brust: Der malaiische Zauber, und ich drehe und drücke und reibe dort, und sie stöhnt.

Ich möchte mich lösen aus der Umklammerung der Welt, und zu dieser Welt gehört auch Maria. Und dennoch mache ich alles nach, macht Maria alles nach, was wir hinter der Wand vermuten.

Es ist still geworden, von den beiden Liebenden neben uns ist nichts mehr zu hören.

Und zu dieser Welt, zu dieser Umklammerung gehöre auch ich?

Ja.

Und die Tränen sind wieder da, ganz umsonst hat uns das Paar verhext.

Liebst du mich nicht mehr?

Doch, antworte ich, und glaube es fast selbst. Lass uns uns ein andermal trennen.

Mein Wille sei mir eine Last, sage ich, Entscheidungen möge man mir abnehmen, den Preis des Glaubens dafür zu zahlen sei ich bereit – solchen und ähnlichen Unfug rede ich jetzt, und nun weiß ich wieder, was ich an Maria habe: Den größten Blödsinn kann ich ihr erzählen und sie hört zu. Wer an Gott glaubt, brauche sich seiner Schwäche nicht zu schämen.

Hast du etwas mit König gehabt?

Sie schweigt. Ihr Gesicht ist noch rot von der Liebe und so erkenne ich nicht, ob sie rot wird, als ich das sage. Es war von mir auch nur eine Frage, um die Liebesstimmung, die über uns liegt wie ein Netz, zu zerreißen und zu zerstören. Und während ich mir schon überlege, wie ich gleich hinausgehe und am liebsten aller Welt Streiche spiele, antwortet sie.

Ja.

Wann.

Vorgestern.

Vorher nie?

Nein.

Alles kommt zusammen in diesen Wochen, an deren Ende das Examen steht. Nie habe ich mich lebendiger gefühlt, auch später nicht.

Jetzt, wo er verdummt ist? rufe ich klagend aus.

Es sei aus Mitleid geschehen. Er habe sie besucht, sie gebeten, mit ihm zu lernen. Sie habe ihm Fragen gestellt und schnell gemerkt, wie es um ihn stünde. Da habe sie es zugelassen, aus Mitleid. Nein, es sei von ihr ausgegangen, aber trotzdem sei von ihrer Seite Mitleid ihm Spiel gewesen und sein sicheres Scheitern habe sie verführt.

Ich will es sagen, will spotten, aber sie sagt es schon selbst:

Es sei ein Akt der Nächstenliebe gewesen.

Wie geschwollen sie daherredet! Ganz die Pastorin. Nebenan hört das Paar Musik. Verflogen der Malaienzauber.

Ich hatte aber nach dem Akt unsere Geschlechtsorgane betrachtet. Dieses rote Gekräusel aus Fleisch, diese kleine blau rote Rübe mit dem schlaffen Hautsack darunter! Marabus waren mir eingefallen, mit ihren Kehlsäcken, Glatzen, den langen dünnen Haaren darauf. Nur der übelste Witzbold konnte derlei geschaffen haben – oder ein Stümper. Aber sie waren wohl praktisch, und mir fiel wieder ein, wie ähnlich die Geschlechtsorgane vieler Tiere denen der Menschen sind, so sehr sich die Form des gesamten Tieres auch sonst unterscheidet.

Was starrst du meine Vulva an?

Man sollte Gott dafür zur Rechenschaft ziehen, sage ich.

Deine Vulva ist schön, lüge ich. Immer wollen wir Theologen trösten.

Gut, sage ich, trennen wir uns nicht. Und schon wasche ich mich an dem Waschbecken hinter dem Wandvorsprung, ziehe mich an und gehe hinaus; fort, verschwunden.

5

Ich werde einmal Macht über Menschen haben, und das bereitet mir Sorge. Ein Seelsorger besitzt Macht über die Seelen seiner Gemeinde. Du wirst herrschen, ruft der Idiot mir oft zu, nachts oder wenn ich betrunken bin – wenn ich mit König zeche. Du wirst herrschen! Ein Witzbold, ein unernster Mensch wie du! Draußen war Maiwetter, süß und verführerisch, und während ich mich von dem Gebäude entferne, kommt mir der Gedanke umzukehren und bei irgendeiner Studentin zu klingeln, gegen die Nachmittagseinsamkeit, gegen die Sehnsucht des Frühlings, und zu sagen: Hier bin ich, lass mich ein, ich brauche Liebe.

Aber ich habe, das fühle ich jetzt, eine Niederlage erlitten.

Wieder hatte ich mich nicht getrennt.

Ich will in den Wald, wo einem die Seele durchgeputzt wird, wo der Wille schwindet oder der Größenwahn kommt. In die Buchenwälder will ich gehen, sie durchstreifen und mit mir ins Reine kommen. Vielleicht bist du auserwählt, nicht nur berufen: Das will ich dort denken auf einsamen Wegen, dieses Gedankens werde ich mich unter den mächtigen Bäumen nicht schämen.

Nach einer halben Stunde war ich am Waldrand angekommen und trat ein. Ich bog vom Hauptweg ab.

Auf einem Pfad, den viel leicht nur ich noch kenne, war ich allein.

Es gibt dort auf einer kleinen Lichtung, wo herrliche Eichen stehen inmitten des Buchenwaldes, einen Platz, wo ich gern sterben würde. Diesen Gedanken, diesen Einfall habe ich vom Idioten geerbt. Auch er ist gerne durch die Wälder geschweift, er war es, der lange vor mir den Gedanken an den Tod auf der Waldwiese hatte. Wie dieser Tod aber aussehen sollte, das hatte er sich nicht vorstellen können.

Ich setzte mich ins Gras. Alles wurde mir einerlei, auch ich selbst.

Ein Eichhörnchen läuft eine Eiche hoch. Sonnenfetzen wechseln sich ab mit Schatten, dort, wo ich sitze. Dies ist meine heilige Stelle, auch wenn ich sie geerbt habe von dem Idioten. An Gott glaubte er nicht oder schon längst nicht mehr … immer wieder kommt mir der Idiot dazwischen und lässt mich nicht los. Was war heute alles geschehen? Ich weiß es bereits nicht mehr. Die Welt dort draußen war eine weiche Maschine, wie aus Fleisch oder faulen Äpfeln gemacht. Ich bin allein, ich bin glücklich, und nur eines weht von dort draußen herein: König hat neulich den Teufel erwähnt. Morgen Abend, wenn ich mit ihm zechen gehe, werde ich ihn zur Rede stellen.

Aber der Teufelsclub ist längst zerbrochen und damit auch seine Tabus. Ganz früh im Studium hatten

Maria und ich und einige andere Theologiestudenten, auch König und seine damalige Freundin – eine Sportstudentin – einen Kreis gegründet, in dem wir letzte Fragen und die verschiedenen Richtungen der Theologie diskutierten. Bei den Treffen in einem Studentenlokal war viel gelacht und getrunken worden, und eines Nachts, als nur noch der harte Kern zusammensaß – wir tranken Weißwein, Rotwein war uns zu „fromm" (so König) –, hatten wir uns geschworen, nicht an den Teufel zu glauben.

Und wie steht es mit Satan, mit Luzifer? hatte ich gerufen und noch eine Runde bestellt. Aber Maria und König hatten die Sache ernst genommen und mich beleidigend kurz zurechtge wiesen. Nein, hatte König gesagt, die Welt sei nicht schlecht, weil ein Bösewicht es so wolle, weil ein negatives Prinzip seinen Besitzstand verteidige. Nein, das Böse seien die Verhältnisse – Maria hatte an seinen Lippen gehangen –, der Teufel sei eine Ausrede, wenn man die Verhältnisse nicht ändern wolle. Und von König mitgerissen, schworen wir an jenem Abend nicht an den Teufel zu glauben, ja, ihn in Zukunft nie wieder zu erwähnen. Mit glühenden Gesichtern hatten wir darauf angestoßen. Wie war ich – ein Herdenmensch, oder halt! jemand, der sich danach sehnt, einer zu sein – wie war ich glücklich an jenem Abend, neben Maria sitzend.

Der Antiteufelsclub ist längst zerfallen, und als wir alles zu Ende geredet hatten, es keinem mehr geschah, dass er den Teufel aus Versehen erwähnte und eine

Runde ausgeben musste, konnte ich mich als einziger über das Zerfallen unseres Kreises kaum trösten. Erst als ich Maria gewann, ließ der Schmerz langsam nach.

Ich werde, dachte ich, der Witwe davon erzählen, ich werde ihr vom Teufelsclub erzählen und warten, wie sie es bewertet. Sie soll die Richterin sein.

Dann aber, als der Waldweg schwieriger zu gehen wurde, Brombeersträucher hatten ihn überwachsen, erfasste mich ein Schwindel. Meine Mutter fiel mir ein, und Königs Unglück, und Marias Weinen, und das ganze Leid der Welt – ich aber stand in der Mitte, ein Fels, triumphierend, ich wusste selbst nicht warum.

Ein Fuchs steht plötzlich auf meinem Weg und sieht mich an. Hat er Schaum vor dem Mund, springt er in seltsamen Sprüngen, hat er keine Scheu vor mir, will er mich beißen, ekelt er sich vor Wasser und vergeht doch vor Durst? Nein, er ist schon verschwunden, wie meine kurze Angst.

6

Am Abend will ich dann doch mit König etwas trinken gehen. Ich habe ihn abgeholt, allein hätte er sich nicht aufgerafft, die wenigen Schritte bis zur Wirtschaft zu machen.

Der schönste, klügste Junge seiner Generation in der Stadt, nun watschelt er neben mir her, keuchend und prustend. Aber das ist eine Angewohnheit, keine echte Atemnot. Es ist sein Gang, es ist seine Haltung, die ihn dick und alt wirken lässt, so dass ich mich schäme mit ihm. Und ich rechne es mir hoch an, dass ich mich mit ihm sehen lasse in der Kneipe, in der er früher der König war. Seine Haltung, sein Watscheln, sein Ausdruck innigsten Glücks – das ist nicht König. Der wahre König lebt entführt unter der Erde und soll Gemahl der Zwergenprinzessin werden. Der falsche König aber wird sich mit der Zeit in eine Rübe verwandeln.

Wollten wir nicht erst morgen etwas trinken gehen? Komm, König.

Er wolle am Hölderlinturm vorbei, ruft König.

Der liege nicht auf dem Weg, antworte ich und ziehe ihn weiter. Je fremder er mir wird, desto mehr interessiert er sich für den unglücklichen Dichter. Dieser Dichter aber ist mein Idol, nur für mich sollte er dichten. König aber besudelt ihn mit seinem Interesse.

Komm weiter, wir wollen zechen.

Wo bringst du mich hin?

In den Teufelsclub.

Und ich lache, mein hohes spöttisches Lachen. Ich habe zwei Arten von Lachen, dieses hohe und ein tiefes, gemütliches, das noch nicht recht gelingt. Es soll mir später im Beruf einmal gute Dienste leisten; ein tröstendes Lachen, wie es Gott vielleicht lacht in dem Witz: Der Mensch dachte und Gott lachte.

Rainer, der Wirt, empfängt uns. Auch er hat einmal Theologie studiert und ist bibelfester als wir alle. Ruft man beispielsweise in den Raum: Hesekiel 23, und er ist guter Laune, dann schnurrt er das Sprüchlein herunter von den Dirnen, die sich betasten lassen den Busen ihrer Jungfernschaft und so weiter, das ganze Zeug.

Ach, du bist es! ruft er König zu. Oft war es früher so, dass alle am Tisch des Teufelsclubs zahlen mussten, nur König nicht: Lächelnd nahm er damals die Gunst des Wirtes entgegen.

Wie schön, dich zu sehen, Johannes! Hier, ihr kriegt euren alten Tisch.

König lächelt zurück und macht die Gebärde. König hat eine Gebärde, ein leichtes, beiläufiges Heben der Hand – fast wie ein Segnen sieht es aus – unendlich lässig, der Gruß eines Großen, der einem ihm Unterlegenen, Rangniederen signalisiert: Schau her, wir sind gleich, schau her, ich grüße dich wie meinesgleichen. Aber wenn König seine Hand derart hebt, ist keinerlei Angeberei, keinerlei Hoffart darin.

Und der Wirt und ich schmelzen dahin, als wir die

Gebärde sehen. Sie zeugt vom alten Glanz, und jetzt weiß ich, er wird die Prüfung bestehen, und als wir an dem rohen Holztisch sitzen, als der erste Wein gebracht wird und die Bedienung König eingießt und darauf wartet, ob er ihm schmeckt, denke ich noch, dass einer mit dieser Gebärde immer ein besserer Pastor sein wird als ich. Dass die Gemeinde ihn lieben wird um dieser Geste willen, dass sie in die Kirche kommen werden, nur um diese Handbewegung zu sehen, dass diese sie vielleicht überhaupt zum ersten Mal an Gott glauben lassen wird. Ich dagegen habe nur die Rede, habe nur das Wort.

Zufrieden nickt König dem Mädchen zu.

Ja, denke ich hämisch: Hier bist zu stark, bei Rainer und dem Mädchen, aber in der Prüfung, da wird es deutlich werden, dass du dich verändert hast. Und ich schäme mich, denn nichts verabscheue ich so sehr wie Hohn und Häme.

Das Mädchen lacht, es freut sich über Königs Nicken, und sie gießt auch mir ein. Ja, denke ich, sie schämt sich nicht wegen König, ich allein bin es. Aber sieht sie denn nicht, was für ein Klumpen Fleisch das ist, den ich zu Ärzten geschickt habe, um die seltsame Krankheit herauszufinden, die ihn so erbärmlich verwandelt hat?

König, du hast mit Maria geschlafen.

Und ich sage das, bevor das Mädchen zum Tresen zurückgeht, so dass sie es hört.

Ja, antwortet er.

Er nimmt einen tiefen Schluck und wälzt ihn im Mund herum. Es ging mir schlecht und sie hat mir geholfen.

König, rufe ich wie zu einem Schwerhörigen, wie zu einem alten tauben Hund, König, morgen lernen wir wieder! Ja, antwortet er und sieht mich dankbar an, ein träger, alter Mann, und nickt und macht wie aus Zerstreutheit die Gebärde.

Ich will ein Weißweintrinker werden und aller Welt Streiche spielen.

Es ist halb zehn und ich fahre zusammen. Wer hat das gesagt? Die Worte des Idioten! Und die Angst, dass ich es war, der da gesprochen hat. Ich blicke auf, blicke mich um, sehe forschend in die Gesichter der Essenden und Trinkenden. Aber sie sitzen nur da, keiner von ihnen hat diese Worte gesprochen.

Dann höre ich König lachen.

Weißt du noch? Weißt du noch?

Ich packe ihn am Revers seiner schäbigen Jacke. Auch seine Kleidung vernachlässigt er.

König! brülle ich ihn an und will ihn vom Stuhl hochreißen, aber er ist schwer. Du hast mich zu Tode erschreckt!

Jetzt sitzt die Witwe seit einer Stunde da und wartet auf mich. Aber zurück zu König, der schlaff in meinem Griff hängt und dabei lächelt, den ich langsam wieder auf seinen Stuhl hinunterlasse, verwundert über meine Kraft.

Wie stark du bist, sagt König anerkennend und ruft die Bedienung und bestellt neuen Wein, und das

Mädchen ist glücklich, dass alles friedlich bleibt zwischen den zwei Theologen.

Weißt du, sagt König, vielleicht hattest du recht. Vielleicht sollten wir Weißweintrinker werden. Wie waren wir damals froh und unbekümmert, Johannes! (Denn ich heiße wie er, auch ich heiße Johannes.)

Nun muss ich ihn trösten, ihn, der doch sonst vor Selbstvertrauen, das er Gottvertrauen nennt, nur so strotzt, und ich lüge ihn an, wie ich fast immer lüge: Alles wird sich zum Besten wenden. Immer lustiger wurden wir, wurden laut.

Dann leerte sich das Lokal. Wir sind nun allein, bis auf Wirt und Bedienung.

Lass uns Weißweintrinker werden, sagt König, aber er ist sehr ernst dabei und starrt in sein volles Glas, als schäme er sich.

Zwei Fliegen schwirren um seinen Kopf, nein, drei; ihre Flugbahnen ein Heiligenschein.

Du musst diesem Menschen helfen, denke ich. Als er noch stark war, war er dein Freund, du musst ihm durch die Prüfung, durch alle Prüfungen helfen. Der Gedanke berauschte mich mit seiner Größe.

Endlich blickt König auf.

Du siehst aus wie ein Galgenvogel, Johannes. Hager und frech. Und obwohl ich weiß, dass du es gut mit mir meinst, bist du mir doch fremd geworden.

Und du? denke ich verärgert. Und du? Im Stich hast du mich gelassen durch deine Dummheit, deine Hässlichkeit!

Solche und ähnliche Gedanken hege ich, hagere, freche Galgenvogelgedanken. Er verträgt auch keinen Wein mehr und redet Unsinn, persönliches Zeug, aber ich sage aus Mitleid nichts und schweige wie ein Fürst, aus Gnade. Nur seine schöne Bewegung hat er noch, denke ich, sonst würden seine Feinde ihn längst verspotten. Denn König hat viele Feinde, Neider aus seinen goldenen Zeiten.

Aber noch kann er meine Gedanken lesen, ganz so wie früher: Meinst du, ich weiß nicht – er sagt es leise, ins Glas hinein, und eben deswegen durchfährt mich eine Angst – dass du mir immer ähnlicher wirst, so, wie ich einmal war, ich hingegen gleite hinüber in Formlosigkeit. Meinst du, es ist mir entgangen, wie die Waage sich zu deinen Gunsten neigt, aller Glanz, wenn auch gedämpft, auf dich übergeht, mich aber verlässt? Ich werde am Wegrand liegen bleiben, und du wirst weitergehen.

Wieso so kleinmütig, König? lache ich, tief entsetzt. Noch hast du deinen Glauben.

Nun lachen wir wieder.

Und dann, was du mit Maria getan hast, das tut man nicht unter Freunden, und ich pfeife plötzlich vor mich hin, lasse alles leicht aussehen, die ganze Verwandlung von König und mir, die ganze Schrecklichkeit der kommunizierenden Leben.

Ach, König, könnte ich dich in ein Eichhörnchen oder eine Maus verwandeln, und in die Tasche stecken, dich bei mir haben und dich verwöhnen mit

Leckerbissen: Nüssen und Käse – was brauchtest du dann noch ein Examen!

Nun sind wir betrunken, eine leichte, schwebende Betrunkenheit, Trunkenheit sage ich dazu. Und während ich an die Witwe denke und an meine Gemeinheit, meine Dummheit, sie zu versetzen und alle Chancen so zu verspielen, fängt König zu theologisieren an. Ich hätte einmal gesagt, dass Gott sich über die Sinnfrage, die Frage, die uns Menschen so quält – er spricht leicht verwaschen und grinst dabei – nie den Kopf zerbrochen habe, als er alles Dasein schuf. Damals habe er mir darauf nichts erwidern können, außer dass ich ein Gotteslästerer sei und auf den Scheiterhaufen gehöre. Nun aber habe er eine Antwort bereit und werde sie mir gleich ins Gesicht schleudern – er nahm einen großen Schluck Wein. Gott sei jung gewesen. Jung und hemmungslos, übermütig – und Übermut sei ein Vorrecht der Jugend – jung und übermütig habe er alles erschaffen – grölt er in sein Glas hinein. Dann aber wird er stiller, lallt erst, summt dann nur noch, ein Kirchenlied wohl. Früher einmal dachte ich, es müsse einmal zum Duell kommen zwischen mir und König, darauf laufe unsere Freundschaft hinaus. Nun kommt es also anders, und er meint, ich sauge ihn aus.

Wir sehen nicht auf, als der Wirt zu uns tritt und uns mahnt, nach Hause zu gehen.

Mich aber interessiert Königs Gefasel nicht, soll die Schöpfung doch Schöpfung sein – doch als ich meinen Freund so sehe, verändert, alt und betrunken, betrunkener als ich, schlägt wie ein Blitz das Gefühl der Einsamkeit, der Verlassenheit in mich ein und ich rufe: Wie ein Galgenvogel also!

Und, als König nicht reagiert, füge ich leise hinzu: Noch habe ich keine Untat begangen.

7

Es brennt noch Licht im Haus in der Südstadt, es ist halb zwei, in der Küche aber, ich sehe es schon von fern, brennt Licht. Ja, es ist, als sei die Südstadt sonst dunkel, als brenne nur noch dieses eine Licht. Und je nüchterner ich werde, desto zuversichtlicher werde ich, dass dort alles gut ausgehen wird, dass die Österreicherin mich in die Arme schließen und mir verzeihen wird. Welch süßes Verzeihen!

Es duftet nach Jasmin in der stillen Nacht, in der man nur mein dummes Pfeifen hört – das Kirchenlied, das König in der Kneipe gelallt hat.

Morgen, König, werde ich dich wieder mit Fragen zwiebeln, heute Nacht aber soll mir die Witwe verzeihen. Wie ein Lemming strebe ich nach dem Licht. Ein Galgenvogel bin ich also, frech und hager. Wieder hat König das Urteil ausgesprochen, ja, König, so gefällst du mir. Ein Galgenvogel, sei's drum! *Auf seinem Halse wohnet die Kraft und vor ihm her hüpft die Angst ...* Wo steht das, König?

Jasmin ... ich bleibe stehen, Jasmin hängt über dem Gartenzaun des Nachbarhauses, und ich stelle mich auf Zehenspitzen und rieche daran. So wird auch sie riechen, denke ich und reiße die blütenbesetzten Zweige herunter. Ein ganzer Armvoll muss es sein. Wie laut knackt das verletzte Holz in der Nacht! Ihren nackten Leib werde ich damit peitschen, oder sie meinen hageren Galgenvogelkörper.

Ich steige die Treppe hinauf, unhörbar, die Schuhe habe ich ausgezogen.

Die Küchentür stand offen. Die Küche ist leer, leer und aufgeräumt, und das unbarmherzige Licht fällt auf den schwarzen Tisch. Etwas Weißes liegt darauf, greller noch als die Lampe, die den Umschlag zum Leuchten bringt. Und als ich die Zweige daneben lege, beginnen auch die weißen Blüten unheilvoll zu leuchten.

Es ist ein Brief von der Witwe. Ich muss ausziehen zum nächsten Monat. Noch vor der Prüfung muss ich hinaus.

Ich will mit den Menschen spielen. Dann fühle ich mich ihnen nah. Als Spieler in einem Spiel sind sie mir recht – sonst verachte ich die meisten und mag die wenigsten. Ja, ich weiß, das könnte vom Idioten stammen, von dem Fünfzehnjährigen, der sich für immer blamiert hat, und doch, auch wenn ich jetzt mehr weiß vom Leben, hierin gebe ich ihm recht.

Jasminduft weht herein durch das offene Fenster, eine Straßenlaterne wirft ihr schwaches Licht in das Zimmer. Ein seltenes Auto fährt draußen vorbei und verändert Licht und Schatten.

Nackt liege ich auf dem Bett und schaue an mir herunter. Das ist mein Körper, mein Leib. Wie glücklich er sich noch anfühlt! Warum nur habe ich die Österreicherin versetzt, wieso sie vergeblich warten lassen? Jeder weiß, wie schmerzhaft das ist! Ja, ich selbst bin in diesen Dingen besonders empfindlich. Aber war es überhaupt eine Verabredung zum Rendezvous, kann es nicht so sein, denke ich, dass sie mir eigentlich mündlich mitteilen wollte, dass ich zu gehen, dass ich auszuziehen habe?

Dann schweifen meine Gedanken ab und eine Zeitungsmeldung fällt mir ein: Dass ein Schauspieler, der einem unserer Minister sehr ähnlich sieht, sich zusammen mit dem hiesigen Theater ein Stück ausgedacht hat. Er spielt einen Vollidioten darin. Es ist aber so, dass dieser Politiker plötzlich von allen gehasst und verachtet wird, fast grundlos, jedenfalls nicht für seine Taten, nein, dem Land gefällt sein Gesicht nicht mehr und hasst ihn dafür. Seine politische Karriere ist zu Ende, wenn nicht das gegenteilige Wunder eintritt und alle ihn plötzlich lieben. Was für ein gemeiner Streich, der keinerlei Mut erfordert! Vielleicht werde ich mir den Spaß sogar ansehen.

Weinen oder Stöhnen dringt durch die dünne Wand. Jetzt möchte ich die Witwe rammeln und die Welt, wie sie ist, vergessen. Ich fiel in einen tiefen, traumlosen Schlaf.

8

Im Teufelsclub hatten wir uns häufig unsere Träume erzählt. Maria und König hatten viel zu erzählen, ich fast nichts. Ich begann, Träume zu erfinden, stahl dabei aus Büchern, die ich gelesen hatte, und schmückte mich mit fremden Federn. Auch die Apokryphen habe ich geplündert. Maria merkte es nicht, sie bewunderte mich, beneidete mich sogar.

Einmal nahm König, damals noch schlank, damals noch strahlend, mich beiseite. Unsere Gruppe war in ein Ausflugslokal eingekehrt nach einer Wanderung, und König mir nachgegangen auf die Toilette. Der Raum war leer bis auf uns, und es roch nach Land, nach ländlicher Toilette, scharf und animalisch. Fliegen waren überall.

Du träumst nicht, Johannes, lüg uns nichts vor! hatte er lachend gerufen und seine schöne Geste gemacht. Er war ernst geworden, sein Gesicht das eines Erzengels, wunderbar schön, weder männlich noch weiblich, drohend und schrecklich: Ich will dich nicht bloßstellen vor den andern, sagte er mit einer Stimme aus Erz, aber bist du der Richtige für unseren Beruf, für unsere Berufung? Prüfe dich! Ein Theologe sollte träumen, das sind die Regionen, wo man mit Gott verkehrt.

Er ließ mich stehen, ehe ich beurteilen konnte, ob er es ernst meinte oder nicht. Verstört kehrte ich auf die Ausflugsterrasse zurück. Weißt du nicht noch einen Traum? bettelte die Runde. Ich schüttelte den Kopf.

Traumlos war ich in tiefen Schlaf gefallen …

Es klopfte an der Tür. Eine Stimme sagte, ich solle mich anziehen und in die Küche kommen.

Als ich schlaftrunken das Licht anmachte, fiel mir wieder die Schäbigkeit meines Südstadtzimmers auf. Sie erregte mich, ich glaubte, dem Leben hier nahe zu sein, hier frei zu sein, Gemeinheiten zu begehen oder – wie lächerlich – heiligmäßig zu handeln. Es gibt einen Bischof, der mein Vorbild ist, Eumenid … aber davon ein andermal.

Ich wählte meine besten Kleider. Die Witwe saß am Küchentisch, im Morgenrock, ihr Haar offen. Hinter ihr, im Halbschatten stand der Astronomiestudent. So hatte ich mir das Pastorenleben oft ausgemalt: Blitzschnelle Wechsel von Personen und Stimmungen, dramatische Zusammentreffen mit ungewissem Ausgang, Menschen, die sich in ihrer Not an ihren Hirten wandten, der mit Klugheit und Gottvertrauen jeder Lage gewachsen war …

Sie habe mir gekündigt, sagte die Witwe und ließ mich Platz nehmen. Die Hängelampe war tief heruntergezogen und ihre Augen lagen im Schatten. Ich strengte mich an, sie zu sehen, starrte auch auf den Studenten, konnte aber sein Gesicht nicht erkennen. Nur seine Zähne leuchteten schwach im Zwielicht. Er schien zu grinsen, zu feixen. Sie habe mich gehen lassen wollen ohne große Worte, denn sie habe mich ursprünglich gern gehabt. Nun jedoch habe Herbert sie mitten in der Nacht geweckt, um ihr neue Ungeheuerlichkeiten über mich zu berichten. Dinge, die er nicht bei sich behalten konnte, und sie gingen uns beide an, sie und mich.

Ihre Stimme klang rau, ihre Hände zitterten, und ich merkte, wie Hass und Wut sie umgaben wie eine Aura. Sie will dir an die Gurgel, dachte ich, jetzt kannst du dich bewähren.

Wie ich dazu käme, Gerüchte und Verleumdungen über sie zu verbreiten?

Was für Gerüchte? antwortete ich und lächelte sie an.

Ob ich nicht am Schwarzen Brett der Theologischen Fakultät und anderen Schwarzen Brettern der Universität sowie in den Mensen Zettel aufgehängt habe, mit ihrer Adresse, ihrer Telefonnummer, ihrem Vornamen? Sie warf mir über den Tisch ein Stück Papier zu, das der Physikstudent ihr mitgebracht haben musste.

„Paula liebt euch kleine Studenten. Kommt doch bei ihr vorbei … "

Es ist seine Schrift, sagte Herbert. Er sei heimlich in meinem Zimmer gewesen und habe sie mit anderen Schriftstücken verglichen.

Das sei Blockschrift, wie wolle er da eine Ähnlichkeit feststellen? rief ich lachend. Wenn er bei seinen Beobachtungen des Weltalls ebenso schlampig verfahre …

Nach außen hin lachte ich, innerlich war ich wie erstarrt. Tatsächlich hatte ich kurz nach meinem Einzug solch einen Gedanken gehabt, nämlich der Witwe diesen unerhörten Streich zu spielen, mit genau solchen Zetteln. Nun hatte jemand anderes diesen schäbigen, gemeinen Plan ausgeführt. Ich aber, der den Gedanken ja auch gehabt hatte, wurde zu Unrecht verdächtigt.

Studenten hätten bei ihr angerufen und die gemeinsten Angebote gemacht, sagte die Witwe nach einer Pause.

Es mochte gegen halb vier sein, die ersten Vögel hatten zu singen begonnen, der Tag graute, die Jasminzweige, die ich in einen Weinkühler gestellt hatte, dufteten süß und stark; die Pause, als wir alle schwiegen, kam mir vor wie die Krönung meines bisherigen Lebens; ganz, als liefe meine Jugend, die bald schon zu Ende sein würde, in diesen Moment zusammen. Ewig so zu sitzen, ehe die Vorwürfe wieder anbrandeten gegen mich!

Ich sei es nicht gewesen, sagte ich lächelnd und griff sogar nach ihrer Hand. Aber ich könne mir vorstellen, wer es gewesen wäre.

Herbert, gehen Sie bitte hinaus.

Widerwillig zog der Student sich zurück. Erst als die Witwe ihm sagte, wie dankbar sie ihm sei für alles, was er für sie getan habe, verschwand er endlich.

Ich konnte ihren müden Blick nicht länger ertragen. Ja, sagte ich, ich hätte den Gedanken gehabt, hätte solche Zettel auch bereits geschrieben, sie dann aber nicht aufgehängt, sondern zerrissen ... Im Übrigen sei das vor Monaten gewesen, und ob sie nicht wüsste, was ich für sie empfände?

Nun wird sie dich in ihre Arme schließen.

Immer hässlicher wurde das Licht. Wir mussten uns beeilen. Johannes! Sie müssen fort, ich will Sie hier nicht mehr sehen. Wussten Sie, dass ich mich fast in Sie verliebt hätte? Aber etwas Ungutes geht von Ihnen aus, und es wäre ein Fehler gewesen.

Sie sprach laut, zwischen Lachen und Weinen, und ich deutete auf die Tür: Herbert lauscht.

Warum, warum nur, Johannes, haben Sie diese Zettel geschrieben und aufgehängt? Und selbst, wenn Sie es nicht waren, der mich verleumdet hat – Sie sind ein schlechter Mensch.

Ich antwortete nicht. Noch trug ich leicht an solchen Worten. Erste Sonnenstrahlen fielen durchs Küchenfenster. Die Witwe war versteinert. Lots Weib. Achselzuckend ging ich hinaus.

In meinem Zimmer begann ich zu packen. Eine seltsame Freude durchrieselte mich. Ich musste an die Prüfung denken, die vor mir lag, und wie leicht ich bestehen würde. Der ganze Tag, die ganze Nacht, waren ein einziges Abenteuer gewesen. Andere Abenteuer lagen noch vor mir. Ich pfiff. Um den Astronomen würde ich mich später kümmern. Mit einem Eselskinnbacken vielleicht.

9

Die wenigen Sachen waren schnell gepackt, abholen würde ich sie später. Ich pfiff vor mich hin, als ich das Haus verließ.

Ein Gefühl der Freiheit durchströmte mich. Die Stadt war frisch vom Tau. Es war menschenleer. Keinerlei Lebensläufe, die auf der Straße oft stören.

Alle Cafés noch geschlossen, und wenn auch die Sonne schien, so fror ich in meiner Lederjacke. Doch es war ein erträgliches Frieren, bald würde das Fortschreiten des Tages mich wärmen wie eine Echse. Alle Glaubensfragen kamen mir jetzt abgeschmackt vor, wie neuerschaffen lag alles vor mir, ich selbst war ohne Geschichte: Ein junger Mann, der die Stadt durchstreift, zufrieden mit seiner Jugend.

Es bot sich an, zur Brücke zu gehen. Mit jedem Schritt entfernte ich mich aus der Südstadt. War es nicht lachhaft, was vorgefallen war in der Nacht? Still, keine Vergangenheit jetzt! An solch einem Morgen konnte alles geschehen!

Ich blickte hinab auf den Fluss. Die Turmuhr der Stiftskirche schlug. Mir war, als würde jeder Schlag der Glocke das Wasser tanzen lassen. Sonne schien auf die Strudel und Wirbel, ich musste die Augen schließen. Wie viele Genies hatten hier schon gestanden, wie viele Fettsäcke? Alles war ewig. Mich schauderte vor Gottes Spieltrieb – und ich stimmte dem wogenden Leben begeistert zu. Marseille, dachte ich lachend, zur Fremdenlegion! Eine Weile noch hielt meine Hochstimmung an. Ich hatte Erdbeeren mitgebracht.

Es bereitet mir Freude, König etwas zu schenken. Hier, Fettsack! sage ich, spreche es aber nicht aus, sondern sage stattdessen: Hier, Johannes, Erdbeeren, die magst du doch! und dann stutzen wir beide, dass ich rede wie mit einem Unmündigen, einem Greis, einem Kranken, einem Kind.

Er sitzt unter dem Apostel, und der Unterschied zwischen dem vergeistigten Heiligenkopf und dem stumpfen Wesen darunter könnte nicht größer sein.

Hier, Paulus, sage ich, Erdbeeren! – sage es aber mit der Stimme Professor Bartholdys, der unser Prüfer sein wird. Wie beabsichtigt zuckt König zusammen in seinem Stiftszimmer. Namenloser Schrecken läuft kurz über sein Gesicht, dann kehrt das Vertrauen zu Gott zurück in die weich gewordenen Züge – es ist etwas Weibisches an ihm, denke ich, ein Eunuch Gottes, und die russischen Kastratensekten fallen mir ein. Ich beobachte ihn scharf.

Wieso äffst du Bartholdys Stimme nach?

Nur so, sage ich, wasche die Erdbeeren und stelle sie vor ihn hin. Bald muss ich sie ihm wahrscheinlich in den Mund stecken oder vorkauen. Doch der Arzt, den er aufgesucht hat auf meinen Rat, hat nichts bei ihm gefunden. Kerngesund sind Sie und dann kommen Sie zu mir? Mein Rat habe ihn blamiert, so König.

Um dir Angst zu machen, damit du lernst.

Und ich beginne, noch während vom guten Geschmack der Beeren sein Gesicht im Genuss fast wieder schön wird, gleich mit dem Vierfachen Schriftsinn: *Die Worte bedeuten etwas ...*, sage ich nach Galater, 4, 24, und hoffe, dass er es gleich aufnehmen wird und ergänzen: *Denn das sind die zwei Testamente: Eins von dem Berg Sinai, das zur Knechtschaft gebiert, welches ist die Hagar ... .*

Ein vages Wiedererkennen flackert über Königs Gesicht. Ja, es steht dort wie in zittrigen Lettern geschrieben: Die Worte bedeuten etwas ..., das kenne ich! Und er leckt mit der langen, sehr roten Zunge goldene Erdbeersamen von den murmelnden Lippen. Paulus, von dem diese seltsamen Zeilen stammen, ist ja sein Liebling, sein Held.

Der Vierfache Schriftsinn! ruft er an diesem schönen Morgen, und ich freue mich mit ihm; selbst dann noch, als er mit offenem Mund – Erdbeerbrei wird darin sichtbar – wie ein Affe herunterschnarrt, was er vom Vierfachen Schriftsinn noch weiß.

Man muss Geduld haben und darf sich nicht ekeln.

Zuerst der Literalsinn, zählt er an den Fingern ab, die wörtliche, geschichtliche Auslegung einer Stelle.

Zweitens typologischer Sinn, gleich dogmatisch-theologische Auslegung.

Drittens (wieder nimmt er die Finger zu Hilfe) tropologischer Sinn, gleich moralische Sinnebene, gegenwärtige Wirklichkeit einer Einzelseele.

Viertens (und er erhebt die Stimme, wie um aufzutrumpfen, während er mit der linken Hand nun den Ringfinger der rechten packt), viertens (die Erdbeeren hat er jetzt verschluckt) anagogischer Sinn (Interpretation „in Hoffnung"), gleich endzeitlich eschatologische Auslegung.

Verdeutlicht am Beispiel Jerusalem, fährt er salbungsvoll fort, heißt: a) historische Stadt Jerusalem, b) Kirche Christi, c) menschliche Seele, d) zukünftiges, himmlisches Jerusalem!

Ein selbstsicherer Pastor sitzt unter dem Bild des Apostels. Vergessen ist Luthers Kritik an diesem Unfug. Hoffart blickt mir frech ins Gesicht, denn dem einfachen Gläubigen genügt der einfache Sinn, mehr als ihn braucht er nicht zu wissen.

Gut, du weißt es noch, gut; es geht aufwärts, König! und er lächelt mich an, voller Stolz.

Den ganzen Vormittag geht es so, es ist ein guter Tag, er weiß einiges, das ich längst verschüttet glaubte. Ja, eine Begeisterung kommt über ihn, je mehr er weiß: Meinst du, ich hab nicht bemerkt, wie sehr ich mich verändert habe, ruft er in das Zimmer, dass es hallt, meinst du, ich spüre dein Mitleid nicht? Dann haspelt er wieder, von mir befragt, sein Wissen herunter.

Mit fliegenden Fahnen werde ich triumphieren, Bartholdy wird mir die Füße küssen! ruft er immer wieder, und andere Hochbegabte, die in den anderen Stuben sitzen, klopfen an die Wand, weil er sie stört beim Lernen.

König, will ich ihm sagen, dies ist nur ein einzelner Vormittag, an dem du etwas weißt. Was, wenn Bartholdy, der dir gewogen ist, oder die anderen, die dich wegen deiner früheren Brillanz nicht mögen, in die Tiefe gehen oder Fangfragen stellen? Doch ich will ihm den Schwung nicht nehmen, die Begeisterung über sich selbst, und so schweige ich.

Horch, ein Krankenwagen! Er hält vor dem Stift, sagt König. Er ist wohl müde, will eine Pause haben. Dann höre auch ich die Sirene. König stürzt aus dem Zimmer, ich folge ihm. Wir gehen zum Flurfenster, von wo man in den Innenhof sieht.

Die Hecktür des Krankenwagens steht offen. Es ist Mittag, die Schatten sehr kurz. Sie haben das Martinshorn abgestellt, nur das Blaulicht dreht sich noch, blass gegen die Sonne. Ein sehr junger Mann liegt auf der Bahre, ein Stiftler, bleich, mit geschlossenen Augen. Behutsam – denn im Innenhof und auf den Straßen rund um das Stift liegt Kopfsteinpflaster – fast zärtlich rollt der Wagen davon.

Ich werde meinen Beruf nicht ergreifen. Die Prüfung will ich noch bestehen, dann gebe ich das alles auf.

Aber hatte der junge Student nicht König geähnelt, so wie er früher war? Wenn sich alles ähnlich wird, es zu viele Ähnlichkeiten gibt, wenn man endlich sich selber ähnelt – dann ist es Zeit, etwas Neues zu beginnen.

Wir sollten ihn im Krankenhaus besuchen. Dafür sind wir da, Johannes.

Und wenn er tot ist? denke ich. Die Prüfung noch, dann ist es vorbei.

Von fern ist schwach ein Martinshorn zu hören. Nun fahren sie über die Brücke.

10

Ich kenne nun niemanden mehr, mit dem ich über mich selbst sprechen kann. König habe ich von Informationen, die mich betreffen, seit geraumer Zeit abgeschnitten. Gut, ich werfe ihm ab und zu ein Bröckchen hin. Aber es interessiert ihn auch nicht. An einer Formung meiner Person, so wie früher, in den Idiotentagen, liegt ihm nichts mehr. Maria lüge ich an, wenn sie mich über mich ausfragt. Meinen Eltern gegenüber bin ich verschlossen oder tarne mich hinter einem Redeschwall, spiele den Theologen, der überall eingreifen, helfen, trösten will. Der Witwe hatte ich mein Herz ausschütten wollen, aber vielleicht stand dabei doch das Begehren, nicht das Bedürfnis verstanden zu werden, im Vordergrund. Dieser alte, dumme Traum: Erst einander in Leidenschaft zu genießen, dann das Leben als solches und das eigene im Besonderen durchzuhecheln!

Bleibt Luigi.

Ich müsse zum Friseur, sage ich, danach würde ich ihn zum Essen abholen, ich wolle mit ihm in die Mensa gehen, er müsse mal heraus aus dem Stift. Er solle, während ich fort sei, den Vierfachen Schriftsinn rekapitulieren. Oft ist es so, dass er das Gelernte, das Wiedergelernte, sehr schnell von Neuem vergisst.

Er wolle auch zum Haare schneiden, sagt König, und wirklich sieht seine Frisur verboten aus, eine Jünglingsfrisur, die zu dem feisten Prälatengesicht längst nicht mehr passt. Aber ich will ihn nicht dabeihaben und antworte schnell: Das solle er sich aufsparen bis kurz vor der Prüfung. Er solle schön hierbleiben und lernen, ich hole ihn dann ab.

Er lächelt mich an. Wie er es genießt, wenn man ihm sagt, was er tun soll! Ich beneide ihn. Nach der Prüfung werde ich mich ganz von ihm lösen.

Der Friseur ist in der Froschgasse. Er ist der einzige, der am Montag auf hat. Er tut, als sei er Italiener, streut italienische Brocken in seine Rede, stammt aber aus Innsbruck. Ein alter, schwuler Friseur aus Österreich ist er in Wirklichkeit. Seit den Tagen des Teufelsclubs gehe ich zu ihm. Nun sind es nur noch König und ich von dem alten Club, die seine Dienste in Anspruch nehmen.

Ach, der Herr Pfarrer! neckt er mich, als ich seinen Salon betrete. Come va, come sta? Wann geht es los?

Er meint die Prüfung, König hat ihm davon erzählt.

Er beginnt zu schneiden, ich habe die Augen geschlossen. Ich mag mein Spiegelbild nicht, oder nur selten, nur an den Tagen, an denen ich mich morgens sehr wohl fühle, wo mir schon das Rasieren gut von der Hand geht, wo ich ein mir fremder Mensch bin, ein Draufgänger sogar, der mir an diesen Tagen zuruft: Her mit dem Spiegelbild, und es grinst mich ein frecher Geselle an, der die Welt mit links besiegt. Ich bin übrigens Linkshänder. Heute ist solch ein Tag, und ich öffne die Augen wieder.

Sagen Sie etwas auf Griechisch – oder nein, auf Hebräisch!

Er weiß, dass wir beides studieren, und kann es noch immer nicht glauben. Ich werfe ihm ein paar Brocken hin. Er selbst wäre gerne Geistlicher geworden, ich weiß das von König. König vertraut er alles an, ich bin sein Beichtiger, scherzte König, und machte sich dann lustig über die Ohrenbeichte, die eines freien Christenmenschen unwürdig sei.

Herr Kandidat, ich brauche Ihren Rat! höre ich den Friseur plötzlich sagen.

Ich bin nicht König, ich bin Johannes, scherze ich. Dennoch wolle er mir etwas anvertrauen und meinen Rat.

Wir sind allein in dem winzigen Salon, und dennoch dämpft er seine Stimme, und erzählt mir, dass er erpresst werde, dass er arm sei, und seinem Erpresser schon alles gegeben habe, seine Ersparnisse, das Geld für das Alter; der Erpresser aber glaube ihm nicht und lasse nicht nach mit Drohungen, Beschimpfungen, Forderungen. Ich blicke in den Spiegel, um ihm ins Gesicht zu sehen. Ein frecher Geselle sieht mich dort an, mit sich und der Welt im Reinen; dahinter ein älterer weinender Mann mit Schere und Kamm.

König sagt, ich soll zahlen, aber das kann ich nicht. Zur Polizei wollen Sie nicht gehen?

Er schüttelt den Kopf, seine Hände zittern, bereut schon mir alles erzählt zu haben, ich aber fürchte um meine Frisur: Aufgepasst, rufe ich besorgt, nicht zu kurz da oben!

Mein braunes Haar liegt auf dem Boden.

Wer ist dieser Erpresser? Wollen Sie mir das sagen? Vielleicht sollte ich einmal mit ihm reden.

Was würde das nützen? schreit er mich an. Er selbst habe auf Knien gefleht, abzulassen von ihm.

Luigi, sage ich, und meine Ruhe strahlt aus auf den armen Friseur, du kannst nichts bei dir behalten. Nun sage, wer der Erpresser ist. Sag mir, womit du erpresst wirst, vielleicht hilft uns das weiter!

Er schneidet nun wieder ganz ruhig.

Es sei ein junger Student. Ein Theologe. Mehr sage er nicht.

Er ist nun fast fertig, er rasiert meinen Nacken, er nimmt mir den Plastikumhang ab, er entfernt die

Halsbinde aus Papier und bürstet mit einer weichen Quaste rundherum. Ich mag dieses Ritual.

Als ich aufstehe, scheint die Sonne herein. Draußen auf der Froschgasse spielen Kinder. Wortlos fegt er die Haare zusammen, mein abgeschnittenes Haar, das auf dem Boden liegt.

Alles wird gut, sage ich.

Luigi wird erpresst, und König hat es gewusst.

11

Auf dem Weg zur Mensa ist König bester Laune. Er esse jetzt so gern, teilt er mir mit, dabei käme es ihm auf die Qualität des Essens nicht an. Er spricht laut und fröhlich, mit seiner immer noch schönen Stimme, und Passanten drehen sich nach uns um, angelockt von dieser Stimme, die sich anhört, als könne sie Wichtiges verkünden, Tröstliches, Neues, womöglich das Heil. Ich schäme mich, ziehe ihn hastig weiter, immer weiter die Fußgängerzone entlang, wo jeder jeden belauert.

Ist das nicht Bartholdy?

König ist stehen geblieben und zeigt mit dem Finger. Ein Metzgerladen ist hier mit angeschlossenem Imbiss, und ein Mann sitzt dort an einem Tresen.

Überall sieht König Bartholdy – ich achte schon nicht mehr darauf. Gut, in diesem Fall kann man von einer gewissen Ähnlichkeit sprechen. Und wenn! denke ich, soll es doch Bartholdy sein, der dort eine Wurst in den Fingern hält und hineinbeißt! Aber er kann es nicht sein, nicht Bartholdy, Ästhet und glänzender Exeget, dem jetzt das Fett übers Kinn läuft.

König ist hineingerannt und an den Tisch getreten.

Herr Bartholdy, Herr Professor Bartholdy! ruft er und klatscht in die Hände vor Freude.

Ach, Johannes, antwortet der Prüfer kauend, schön, Sie zu sehen. Wollen Sie etwas von mir? Denn Sie sehen, ich esse, und muss mich darauf konzentrieren. Sind Sie auch gut vorbereitet für die Prüfung?

Wir lernen zusammen! ruft König und zeigt auf mich, der ich mich im Hintergrund halte und auf der Schwelle stehen geblieben bin.

Ach mit ihm, sagt Bartholdy und schluckt einen Bissen hinunter – wie kurz ist nun der Wurstrest in seiner Hand, nur mit spitzen Fingern kann er ihn noch halten. Ich merke wieder, dass er mich nicht mag, nicht so wie König. Aber auch ich mag Bartholdy ja nicht, ich mag fast niemanden, gerade die Witwe noch und dann, aus alter Gewohnheit, noch König, diesen Säckel, diesen alten Spitz, mit dem mich meine Freundin betrogen hat. Wenn es einen Gott gäbe – ihm zuliebe könnte ich etwas für die Menschen empfinden, ihm zu Gefallen sie lieben. Ohne ihn aber sind mir die meisten zuwider, und ich kann und will es nicht.

Komm jetzt! sage ich in barschem Ton zu meinem Freund. Ab in die Mensa, alte Runkelrübe! So habe ich König noch nie genannt, es ist mir herausgerutscht, und wir erstarren kurz, ehe der Prüfer loslacht, und wir erleichtert mit einstimmen.

Sie würden wohl am liebsten jetzt gleich geprüft werden, hier am Wurststand, Sie brennen wohl schon darauf? fragt Bartholdy nun seinen Studenten, der dicht neben ihm steht, so dass der Professor nicht weiß, wie er uns loswerden kann, wie er seinen Wurstrest aufessen soll, so dicht steht König bei ihm.

Ich will dem Professor helfen. Mit ein, zwei Schritten bin ich neben ihm, packe König am Ärmel und ziehe ihn fort.

Auf Wiedersehen, rufe ich, und König macht es mir nach. Auf Wiedersehen, ruft er immer wieder, der Professor aber macht eine Geste, er kann jetzt nicht reden mit dem Rest der Wurst in seinem Mund.

Was sollte das, König? War das ein Streich?

Früher machten wir das nämlich, dass wir an Fremde herantraten – und absichtlich den Abstand durchbrachen, den jeder zum anderen haben will. König hat dieses Spiel erfunden.

Ach, das Spiel, antwortet König. Nein, das sei ihm nicht in den Sinn gekommen. Er habe einfach den Professor begrüßen und mit ihm reden wollen.

Wir dürfen die Prüfer nicht verärgern. Besonders du nicht, das ist gefährlich!

Die Absicht habe er gar nicht gehabt. König zuckt die Achseln. So klein ist die Altstadt, dass wir schon vor der Mensa stehen.

Von irgendwoher kommt fernes, tröstliches Flugzeuggrollen. Manchmal ist mir, als ob ich es bin, der das alles lenkt; der sich die Wirklichkeit ausdenkt, die dann erst geschieht. Dass ich alles rückgängig machen kann, alles mutwillig in eine andere Richtung lenken. Aber die Vergangenheit kann selbst Gott nicht ändern, darin sind sich Kirchenlehrer und Philosophen einig.
Komm, König, sage ich zu ihm, der seltsam zögernd vor dem Eingang steht, gehen wir hinein!
Das Halbdunkel des Saals mit der Holztäfelung, das Klappern des Bestecks und der Gläser, die Rufe der Frauen, die das Essen ausgeben, das Gemurmel der hundert Studenten an ihren Tischen, das Stühlescharren … An einem Tisch für sich, allein, sitzt Maria. König drängt zur Essensausgabe, bahnt sich einen Weg durch die Menge, die erschrickt vor so viel Zielstrebigkeit, fast brutal stößt er die Menschen beiseite, die merken, dass da jemand kommt, der sich nicht aufhalten lässt.
Bist du so hungrig, König? und ich folge ihm durch die Schneise, die er durch die Menge bahnt. Über die Schimpfworte, die man mir zuruft, lache ich nur. Sagt das ihm! antworte ich und zeige auf König. Aber König ist immer schon weitergegangen, wenn die empörten Rufe erfolgen. Ja, man lässt König in der Schlange vor, auch wenn man murrt.

Er stecke im Examen, sagt König zur Ausgabefrau, da wäre es nicht schlecht, wenn er eine Hühnerkeule mehr haben könnte.

In Gesellschaft, unter Menschen, ist König manchmal noch der alte. Die Frau ruft in die Ausgabeluke, und auf dem Rollband kommen, auf einem Extrateller, zwei Keulen zusätzlich gefahren.

Sie lächelt ihn an, als er sich bedankt. Keinem hinter uns in der Schlange ist entgangen, wie rücksichtslos König sich eben vorgedrängt hat.

Darf man sich setzen, Maria? frage ich.

König aber hat sich schon zu ihr gesetzt und begonnen zu essen.

Ihr Gesicht glüht, was mag es sein, Zorn oder Scham?

Merkst du denn deine Rohheit nicht, König? Merkst du nicht, wie brutal du bist?

Helft mir, sagt König, leise und kauend, manchmal sei er roh und merke es nicht. Sagt mir, er sei dann in Gedanken, versuche das Wissen im Kopf zu behalten, das er brauche für die Prüfung, und sei dann roh und brutal.

Sie legt ihre Hand tröstend auf den Arm des Essenden, er lernt mit dir, und ich helfe dir auch. Ich habe euch, sagt sie lächelnd, sogar die Plätze hier freigehalten.

König aber räuspert sich und steht auf.

Ich habe, ruft er in den Raum und hebt die Arme in schöner Bewegung, und wirklich, es wird still im Saal, nur das Förderband, das die Essen bringt, ist noch quietschend und jaulend zu hören, ich habe mich eben roh und brutal benommen, habe gestoßen und mich vorgedrängt – er ruft das mit klarer, heller Stimme, fast singend. Das sei aus Unachtsamkeit geschehen. Das habe er nicht gewollt und er entschuldige sich bei ihnen, bei denen, die er weggedrängt und gestoßen habe, aber auch bei den andern: Denn was einer einem Einzelnen tue, das tue er auch der Gemeinschaft.

Es ist still, bis auf das Förderband. Dann brandet Beifall auf. König, ich habe mein Zimmer verloren, kann ich bei dir einziehen, bis ich etwas Neues finde?

König blickt auf. Und deine Eltern? Geht es nicht bei ihnen? Dort würde ich wieder zum Kind, zum Idioten, antworte ich.

Von meiner Angst vor der Krankheit meiner Mutter kein Wort. Gut, sagt er endlich und nickt. Aber was willst du für ein Seelsorger werden, wenn du dich fürchtest vor den Leiden der Menschen?

Diese Zeit, sage ich, diese Vorbereitungszeit, dieses sanfte Schweben auf die Prüfung zu mit der dauernden leichten Angst, mit dem Begreifen, dass etwas zu Ende geht und man beurteilt werden wird, sei die schönste meines bisherigen Lebens. In dieser Vorläufigkeit wolle ich am liebsten für immer verweilen.

12

Ich liege im Schlafsack vor Königs Bett. Mondlicht fällt durch das alte Fenster in den alten Raum. Der Mond steht hoch über den Wipfeln der Platanen der Neckarinsel. König schläft, manchmal spricht er im Schlaf, ja, von diesem Sprechen muss ich aufgewacht sein.

Wieso wollte ich nicht ins Stift? Jetzt, kurz vor dem Examen, nach dem man als Stiftler ausziehen muss, verstehe ich es nicht mehr. Die drückende Last der Vergangenheit, das Elend des Vergleichens, die Geniestube, Hölderlin, Hegel, Schelling: all das leuchtet mir als Grund nicht mehr ein. Der ehemals unerträgliche Gedanke, unter hundertfünfzig gläubigen Studenten der einzige zu sein, der seinen Ringkampf mit Gott auf später verschoben hat, das soll mich bewogen haben, es nicht im Stift zu versuchen? Wie glücklich ich hier liege! Wieso macht man so vieles falsch im Leben? Weil Gott es sich ausgedacht hat?

Wie eine Made liege ich im Schlafsack, und während ich so mit König rede, ohne dass er es hört, weiß ich auf einmal, dass auch ich solch ein Pfarrer werden kann wie die andern, wenn ich nur meine Gottlosigkeit in Demut auf mich nehme.

Im Schlaf greift König in die Luft und will dort etwas packen. Die Mondstrahlen vielleicht. König, ringst du mit dem Engel? Und das Alter des Stifts fällt mir ein,

450 Jahre, und wie viele andere, bessere als wir, hier nachts in die Mondstrahlen gegriffen haben, und dass ein Stiftler nach der Eröffnung der Eisenbahn den Freitod unter den Zugrädern suchte. Ich werde ein guter Pfarrer werden oder den Freitod suchen: Und beide Möglichkeiten erscheinen mir in dem alten, träumenden nächtlichen Gebäude tröstlich.

Lass uns zusammen ins Stift gehen, hatte König in der letzten Schulklasse wieder und wieder gesagt und mich schmerzhaft auf den Oberarm geboxt. Elite, Johannes! Wer dort alles war, Johannes! Und ich hatte mir das Stift daraufhin angesehen, die schönen alten Gebäude, den herrlichen Garten, den Stocherkahn, die Studenten, die mir so entspannt, ja sogar glücklich vorgekommen waren. Gut, hatte ich schließlich eingewilligt, erschöpft von Königs Drängen, also ins Stift. Also ins Stift, wenn sie mich nehmen. Gut, also Theologie. Eine Weißweintrinkerentscheidung. Dann aber, als wir zu der Informationsveranstaltung gingen, fielen wir Fux in die Hände. Dieser scharfe Hund, ein evangelischer Jesuit.

Was wollen Sie im Stift?

Uns prägen lassen, hatte König geantwortet und mit dieser Antwort Fux sofort gewonnen. Ja, hatte er geantwortet, sich prägen lassen könne man hier. Auch wenn die meisten sich zu wenig prägen ließen.

Und Sie? hatte er sich an mich gewandt, wollen auch Sie sich prägen lassen?

Ich hatte gleich gemerkt, dass Fux alles versuchte, um König ins Stift zu locken, und hatte trotz des leichten Schmerzes, der mich oft überkam, wenn ich mit König verglichen wurde, geantwortet: Ja, ich auch.

Danach hatte Fux uns ein paar Mal eingeladen, und wir waren begeistert gewesen von seiner Wortgewandtheit, seiner Redegewalt. Dann hatte er, der uns kaum kannte, von den Dioskuren angefangen, uns schamlos geschmeichelt, uns in verantwortungsloser Weise eine große Zukunft vorausgesagt. Endlich einmal gebe es Applikanten, die des Stifts würdig seien! Wir wären unter guter Anleitung die Richtigen, den alten Glanz des Stifts wiederherzustellen. Er fing von der Nachfolge Hegels und Hölderlins an, sah uns in die Augen und fragte, ob wir diese Herausforderung annähmen?

König, er ist verrückt, König, ich gehe nicht mit.

Willst du denn nicht einer der Dioskuren sein? Ein göttlicher Zwilling? Der sterbliche? hatte er lachend hinzugefügt, denn er liebte es damals, darüber zu spotten, dass er der Bessere von uns war.

König, rief ich, merkst du denn nicht, wie gefährlich das ist?

Repetent Fux empfing mich wie einen alten Freund. Ich hatte an der Tür seines Zimmers geklopft.

Wie lange noch? fragt er und bittet mich herein.

Fünf Tage.

Und Sie lernen jeden Tag mit ihm?

Immer, wenn er bereit ist, lerne ich mit ihm. Ich wohnte jetzt sogar bei ihm, weil ich mein Zimmer verloren hätte.

Sie wohnen im Stift? Tee?

Und er geht in die Teeküche. Sein Zimmer ist gemütlich, größer als Königs, die Wände voller Bücherregale, ein Kruzifix über dem penibel gemachten Bett, über dem Schreibtisch an der Wand aber Teufelsdarstellungen – Teufelsdarstellungen aus allen Jahrhunderten, und es stimmt ja, König hat mir erzählt, dass Fux an einem Buch arbeitet, seit Jahren, aber nicht weiterkommt: Gefallener Engel oder Erdenwurm?, so soll es heißen. Und gelänge Fux diese Studie, so sei ihm die Ephorenstelle im Stift, die Stelle des Leiters, so gut wie sicher.

Ich hätte heute Nacht meinen Frieden mit dem Stift gemacht, und hätte bedauert, damals seinem Rat nicht gefolgt zu sein. Es sei hoffärtig von mir gewesen, mich nicht fördern zu lassen von diesem uralten Organismus, den das Stift nun einmal darstelle. Er strahlt. Aber deswegen sei ich nicht hier. Ich wolle mit ihm über Professor Bartholdy sprechen, Königs und meinen Prüfer. Es gehe um die Auffälligkeiten, nach denen er, Fux, mich neulich befragt habe.

13

Es ist etwas ans Licht gekommen, das mich und König bedrückt – es war wie ein Wetterleuchten. Es durchfuhr mich, dass mein früheres Leben voll gewesen sein könnte von solchen Enthüllungen, und ich nur unfähig, sie wahrzunehmen. Idiotentage, die schönen Idiotentage. Dass ich mich einmal zurücksehnen würde nach Unwissen, ja Dummheit – nie hatte ich damit gerechnet.

Den Nachmittag hatten wir gelernt: König erinnerte viel und wusste es vorzutragen – natürlich kommt ihm seine schöne Stimme zugute, ja, sagte ich, rede viel in der Prüfung, lulle sie ein mit deiner Stimme!

König schüttelte lächelnd den Kopf: Nein, allein mit seinem Wissen, seinem Verständnis und mit dem Glauben an seine Berufung wolle er überzeugen.

Wie neidete ich ihm diesen Glauben!

Gegen Fünf wurde er unruhig, unkonzentriert, und verließ das Zimmer. Als ich ans Fenster trat, sah ich ihn aus dem Pförtnerhäuschen kommen. Er schien erregt, dann jedoch ging er langsamer, als zwinge er sich zur Ruhe, holte zu meinem Erstaunen – denn wir beide rauchen nicht – Zigaretten hervor und steckte sich eine an. Mein Blick fiel auf das Bild des Heiligen Paulus. Dass Gott alles wissen sollte, auch das Unappetitlichste, das Unwichtigste, das Widerwärtigste, auch das vom Friseur – dieser Gedanke ekelte mich.

Wir müssten Schluss machen für heute, er müsse jetzt in die Klinik, sagt König. Ein Mantel aus Zigarettengestank ist um ihn. Ich könne mitkommen, wenn ich wolle.

Ich hatte vorgehabt, gleich nach Beendigung unseres Lernens in die Südstadt zu fahren.

Willst du?

Ohne zu zögern sage ich zu.

Du bist mein letzter Getreuer, lächelt er fröhlich, und es stimmt ja, die Mitglieder des Teufelsclubs sind in alle Winde zerstreut, nur ich bin noch da, bereit, den Moment zu finden, wo auch ich seinen Gründer im Stich lassen kann. Nach der Prüfung vielleicht, nach dem Examen ganz sicher. Ich muss einmal gründlich in mich hineinsehen, ob ich König noch brauche.

König ist arm, aber er verschwendet gern Geld. Er will zur Unfallklinik, und statt den Bus zu nehmen, wie ich es täte, hat er ein Taxi gerufen, das an der Pforte des Stifts auf uns wartet.

Eine Weile fahren wir schweigend, und ich blicke hinaus. Wieso behandelst du Maria so schlecht?

Es sind diese lichten Momente, vor denen ich mich bei ihm vorsehen muss.

Der Taxifahrer sieht mich im Rückspiegel an, vielleicht bin ich rot geworden, aber wie herrlich ist es, mit dem Wagen durch die Stadt gefahren zu werden, zur Unfallklinik.

Aber König lässt nicht locker.

Ich möchte nicht, dass es ihr schlecht geht. Wieso behandelst du sie so?

Ich liebe sie nicht mehr, könnte ich sagen, oder: Es ist wegen ihres norddeutschen Zahns. Beides stimmt ja. Es ist einfacher, jemand zu sagen: Ich liebe dich nicht mehr, als: Du hast einen norddeutschen Zahn, und kurz will ich eine dritte Antwort geben, jetzt, da die Unfallklinik mitten im Wald fast erreicht ist: „Ich möchte Weißweintrinker werden und aller Welt Streiche spielen."

Doch auch das sage ich nicht.

Willst du sie nicht nehmen, König? Sie könnte sich um dich kümmern, besser, als ich es kann! Und erkannt habt ihr euch auch schon, füge ich lachend hinzu.

Er schüttelt den Kopf. Er werde es sich überlegen, sagt er dann, nun aber müsse er sich anderen Dingen widmen. Es handele sich um den jungen Mann, den man so bleich aus dem Stift getragen habe. Er sei wieder bei Bewusstsein und wünsche, ihn, König, zu sehen.

Ich dachte, du kennst ihn nicht?

Ja, antwortet er nachdenklich, das sei seltsam. Er habe übrigens kein Geld für die Fahrt.

Es handele sich um einen jungen Selbstmörder, der ihn dringend zu sehen wünsche. Es sei ein Notfall, sagt König.

Und Ihr Freund? Hat der auch kein Geld?

Doch! will ich rufen, aber König kommt mir zuvor. Mich wolle er damit nicht belasten.

Und der Selbstmörder? Ob der ihn bezahlen könne?

fragt der Fahrer mit barscher Stimme. Andernfalls würde er die Polizei einschalten.

Der Taxifahrer ist ausgestiegen, ist nach hinten gekommen, hat die Tür geöffnet und mich gepackt. Ich sollte mich losreißen und in den Wald hinein fliehen, ich sollte das Geld aus meiner Tasche holen und den wütenden Mann bezahlen – doch beides will ich nicht.

Über Funk kommt die quäkende Nachricht, man werde gleich zur Stelle sein.

Ich kenne dich! Dich kenn ich doch!

Seine Bewegung ist erstarrt, er hat abgelassen von uns, im Übrigen ein kleiner Mann, den wir schnell überwältigt hätten.

Früher sind Sie öfter mit mir gefahren und haben nie gezahlt.

Er lacht nun, er erinnert sich gern daran.

Das habe er vergessen, sagt König.

Dann gehen Sie, laufen Sie, ich höre schon die Sirenen. Dort ist ein Pfad durch den Wald, der zur Klinik führt.

Langsam, gravitätisch, steigt König aus. Die Hände über den empfindlichen Ohren, betritt er den Pfad durch den Wald, und ich, der ich wünsche, dieser Augenblick, ja, alle Augenblicke vergingen nie, hole nun doch das Geld aus der Tasche und drücke es dem Mann in die Hand. Aber er achtet nicht darauf, sondern steht nur da, ein Standbild mit Geld in der Hand, und blickt uns wehmütig nach.

Der Pfad war überwachsen, wir mussten durch Dickicht. Endlich standen wir vor der Klinik. Es ist ein riesiger Würfel aus gelblichem Backstein, der auf dem Hügel thront, den Wald weit überragt. Die Eingangshalle ist groß, Ledersessel stehen verstreut darin, die Wände sind mit Stein verkleidet. Aber die Menschen, hier in der Lobby, wirken fehl am Platz. Arme alte Leute sind häufig. Die schäbigen Morgenmäntel über Pyjamas, so schlurfen sie durch die Halle, stehen an einem Schalter an und kaufen Kleinigkeiten: Erdnüsse, Gummibären, Kokosmakronen. Was will König von dem Jungen? Ich könnte ihn fragen. Stattdessen setze ich mich und warte, was weiter passiert. Früher wurde mit König alles zum Abenteuer. Nun scheint er erneut voller Tatendrang.

Der Selbstmörder liegt im dritten Stock. Die Pforte habe es ihm gesagt, setzt König hinzu, und er wirkt angespannt, schmaler im Gesicht, es ist, als nähme seine äußere Form wieder den Ausdruck des Klaren, Sinnvollen an, den ich schon so lange an ihm vermisse.

Im Fahrstuhl ist ein Pfleger, der einen Kranken transportiert. Ein alter Mann liegt auf der Bahre und lächelt, er hat fast keine Zähne. Seine Haut ist gelb und er kann seine Augen nicht festhalten: Unaufhörlich rollen sie hin und her. Ich mag keine Kranken, keine Alten.

König aber lächelt den Kranken an, wie man es bei Kindern tut, und der Alte nickt König zu und lächelt noch breiter. Ja, so ist es, soll das wohl heißen, ich bin krank, genau das ist es, wer weiß, wie lange ich noch leben werde? König lächelt dazu. Das scheint schon Trost genug, nun lachen beide sogar, und der Pfleger, ein dicker, ungesund aussehender Mann, runzelt die Stirn, als verspotte man ihn.

Sie lachen nur über den Tod, mische ich mich ein. Das, dieses Einmischen, dieses Erklären, ist es, was König an mir hasst. Ärgerlich stößt er mich in die Seite.

Im Stationszimmer wartet ein Psychologe auf uns, ein junger Mann, nicht älter als wir. Durch seine Brille und seine Gestik macht er sich älter. Er trägt eine Müdigkeit zur Schau, als laste die Welt auf seinen Schultern.

Du Würstchen, denke ich, als er mir die Hand drückt und sich vorstellt, was weißt denn du schon von der Seele? Aber ich lächle ihn leutselig an.

Wer von Ihnen beiden ist der Teufel?

Der Patient habe vom Teufel gesprochen, und dass er ihn sehen wolle, und ihm dann die Nummer des Stiftes gegeben.

Er sei eigentlich dagegen, dass wir zu ihm gingen – seine Finger sind gelb vom Rauchen, seine Nägel abgenagt – aber es sei der Wunsch des Patienten, und weil es vielleicht seinen Lebenswillen stärke, käme er diesem Wunsch nach.

Wie heißt er, dass ich ihn anreden kann?

Nicht einmal seinen Namen kennen Sie? Er aber scheint Sie gut zu kennen.

Was sagt das schon, antwortet König. Er sei in gewissen Kreisen früher sehr bekannt gewesen.

Höchstens zehn Minuten, er ist schwach.
König zuckt die Achseln.
Krankenschwestern betreten den Raum. Sie ärgern sich, dass wir hier sind. Den Psychologen mögen sie nicht. Wir stören beim Kaffeetrinken. Wir sollen nicht hier sein, wenn sie es sind.
Nur zehn Minuten, dort ist sein Zimmer!
Es ist ein Dreibettzimmer, das wir betreten; nur ein Bett ist belegt. Das Fenster geht zur Stadt hinaus, über dem Schlossberg sind dunkle Wolken. Wie reizt es mich, mich in eines der frischbezogenen Betten zu legen, das mit dem Blick zum Fenster. Im rechten Bett, im Halbdunkel, liegt der Patient. Er liegt auf dem Rücken, seine Arme, weiß, fast bläulich, hat er auf die Bettdecke gelegt.
Verbände sind sehr weiß an seinen Handgelenken, weißer noch als die Haut. Ein Schlauch ist mit seiner Armbeuge verbunden und führt zu einem Glaszylinder mit einer klaren Flüssigkeit darin, der höher hängt als das Bett. Er ist wach, er lächelt, als er König sieht. Die langen Haare umspielen sein bleiches Gesicht. Ist das der Mann auf der Bahre? Ich kenne ihn nicht. Wie Hölderlin sieht er ein wenig aus, wie Hölderlin auf einem Jugendbildnis. Vielleicht hat man ihn deswegen ins Stift aufgenommen.
Du bist also gekommen.
Ja, antwortet König. Es ist diese Stimme, die ich so an ihm mag. Ich habe sie lange Zeit nicht gehört. König hat sie mir vorenthalten, jetzt merke ich, wie sehr sie

mir fehlte. Mir ist alles egal, sagt diese Stimme, und deswegen ist das Leben schön. Kein Psychologe der Welt hat solch eine Stimme. Alles können sie nur mit Worten sagen.

Und der Sklave ist auch da.

Geistesgegenwärtig drehe ich mich um, als stünde dort jemand. Aber es tut weh, auch wenn König gutmütig lacht.

Schick ihn hinaus, sagt der Selbstmörder. Ich muss allein mit dir sein.

Geh hinaus, Johannes, sagt König, zeigt aber, mir zum Trost, verstohlen einen Vogel und nickt dabei kaum merklich mit dem Kopf zum Bett.

Auf dem Gang ist es leer und schön. Regen prasselt kurz gegen die Fenster: das Neonlicht ist angesprungen, so dunkel ist es jetzt draußen. Einmal wird in einem Rollstuhl ein Kranker vorbeigefahren, sonst ist es still – bis auf das Lachen aus dem Schwesternzimmer.

Die Idiotentage sind vorüber, ich bin ein Meister des Wartens. Zwischen den Punkten, wo etwas geschieht, in den Momenten des Wartens, dort ist das Gold des Lebens zu finden. Vielleicht nur dort.

Irgendwo schnarrt eine Klingel, eine Schwester tritt aus dem Schwesternzimmer, und als ich ihr nachsehe, wie sie wippend den endlos scheinenden Gang durchschreitet, mit schwingenden Hüften im kalten Licht, und bevor sie verschwindet, noch einmal lacht, leise, glucksend, tritt der ersehnte Zustand ein, der Zustand der Zeitlosigkeit, wo ich begehre und mir gleichzeitig alles egal ist.

Komm nicht raus, König, und zerstöre alles!

Nach einer halben Stunde öffnete sich die Tür.

14

Auf der Fahrt zurück mit dem Bus war König schweigsam. Ab und zu lachte er auf, dann wieder starrte er die Regentropfen an, die außen die Scheibe hinunterliefen. Endlich zeichnete er mit dem Finger auf dem innen angelaufenen Glas mit rohen Strichen eine Votze, dann einen Kopf mit zwei Hörnern. Dann wischte er beides aus.

Was war? hatte ich gefragt, als wir im Regen an der Bushaltestelle vor der Klinik gewartet hatten. Was wollte er von dir? Was ist das mit dem Teufel?

Aber König hatte nur lächelnd den Kopf geschüttelt und mich auf später vertröstet.

Erst im Stift begann er zu reden.

Es sei eine seltsame Geschichte, und andere – aber nicht er – würden Gewissensbisse bekommen, wenn sie darin verwickelt wären. Vorher aber sollten wir noch ein, zwei Stunden lernen, ich solle ihn abfragen nach der Bedeutung des Alten Bundes im Angesicht des Neuen, und die verschiedenen Interpretationen der neueren und älteren Theologen dazu. Ja, stell dir vor, rief er übermütig, die Begegnung neulich mit Bartholdy habe ihm wieder Lust aufs Lernen gemacht; Bartholdy sei ein Mann nach seinem Geschmack und er wolle bei der Prüfung vor ihm glänzen.

Wie frech er mich auf die Folter spannte, mich zum Abhören erpresste! Innerlich aber musste ich lachen. Schon immer hat mich König mit solchen Manövern gequält.

Manchmal frage ich mich, ob er glücklich ist. Stets hatte ich das angenommen, selbst jetzt, wo er dick geworden ist und geistig träge, selbst jetzt, wo ich ihn überrundet habe, kommt es mir noch so vor. Und wenn nicht? Egal! Auch an der Seite eines Unglücklichen kann man glücklich sein und braucht nicht an der Welt zu leiden. Vielleicht aber ist er gerade in seinem Abstieg der glücklichste Mensch der Welt. Ja, diesen Verdacht habe ich. Abwärts, unten liegt das Glück.

Also, sage ich und höre ihn ab. Er macht seine Sache gut, weiß sogar mehr als ich über den Alten und Neuen Bund, und ich bin eifersüchtig auf Bartholdy, der bewirkt hat, dass König für kurze Zeit so brillant ist wie früher. Aber vielleicht ist es gar nicht Bartholdy, sondern das Erlebnis mit dem Selbstmörder, das ihn aufgerüttelt hat.

Nun komme die Belohnung, sagt König endlich. Er könne mir aber nicht alles erzählen, das habe er Martin, das sei der Name des Jungen, versprochen. Jedenfalls habe dieser Martin ihn, König, sehr bewundert, sich aber als Jüngerer, als Schüler, nicht an sein Vorbild, einen Studenten, herangetraut. Nur von fern habe er ihn verehrt, sich gekleidet wie er, du weißt, Johannes, die blauen Hosen damals und die Hemden dazu, die anfangs nur ich besaß, dann aber alle, die ganze Stadt. Irgendwann habe Martin dann vom Teufelsclub gehört, jedoch eine völlig falsche Vorstellung entwickelt, was es damit auf sich habe.

Und König gießt Wein ein, das Blut, das wir trinken.

Stell dir vor! Mit unendlicher Grazie wischt König sich mit dem Handrücken Wein vom Gesicht – wie gut ich diese Geste kenne! Dieser Martin habe ihren Club mit seinen harmlosen Diskussionsrunden, seinen Wanderungen zu Ausflugslokalen für eine Geheimgesellschaft gehalten, einen Bund, dessen Mitglieder schwören mussten, Böses zu tun. Und habe den Entschluss gefasst, aus Bewunderung für ihn, König, ebenfalls Böses zu tun. Um eines Tages vor sein Vorbild zu treten und zu sagen: Das und das habe ich begangen, ich bin einer von euch. Was für ein metaphysischer Firlefanz! ruft mein Freund lachend. Und wirklich habe der dumme Kerl, dieser Martin der Teiler, schweren Herzens, so habe er sich ausgedrückt, begonnen, Gemeinheiten zu begehen; sogar Verbrechen. Um meinetwillen, Johannes!, der ich davon bis heute nichts wusste. Nun liegt er halbtot im Krankenhaus und gibt mir an allem die Schuld.

Ja, denke ich, es ist vielleicht doch keine Lügengeschichte, wie König sie früher so gern erzählte, ja, so könnte es gewesen sein, und bin plötzlich wieder stolz auf ihn, ohne den Grund zu kennen. So ist es, denke ich, und trinke von Königs Wein, wir Theologen nehmen alles zum Anlass, auf ein Dahinterliegendes zu verweisen; alles wird uns zum Gleichnis, immer müssen wir deuten, es ist eine Sucht, eine Krankheit – so ist vielleicht nur durch ein Missverständnis zwischen dem Höchsten und seinem Widersacher das Böse entstanden; der Widersacher nur ein schlechter Schüler gewesen, der seinem Lehrer nicht richtig zugehört und dessen Willen verkannt hat. Zu dumm ist der Böse vielleicht erschaffen worden, und hat sich nur deshalb zum Bösewicht entwickelt. So spekuliere ich.

König aber hat eine Weile geschwiegen, und mir ist, als könne er meine Gedanken lesen, als tue er es in diesem Augenblick.

Martin sei dann ins Stift aufgenommen worden, habe ebenfalls Theologie studiert, habe sich ihm immer erklären wollen – doch sein Gewissen habe ihm wegen der begangenen Taten keine Ruhe gelassen. Und so habe er den Freitod gewählt. Und, stell dir vor, Johannes! Nun gibt er mir an allem die Schuld!

Ein Wichtigtuer! rufe ich, ein Prahlhans, der das alles erfunden hat. Ein Dummkopf mit herostratischem Trieb!

Du kennst doch Luigi, den Friseur?

Was soll die Frage? Ich sei erst gestern bei ihm gewesen, sage ich ungehalten.

Ihn habe dieser Martin aufs abscheulichste erpresst.

Er macht eine Pause, er will noch etwas sagen, schweigt aber dann. Ich jedoch will nicht zugeben, wie sehr mich diese Geschichte berührt, und rufe:

König, nur noch vier Tage! und König schrickt auf.

15

König hat mir einmal das Leben gerettet, und ich hasse ihn dafür. Das alles ist längst vorbei. Die süßen Idiotentage! Im Wald gibt es diese Stelle, ich habe sie bereits erwähnt. Wäscheleinen lagen bei uns im Keller, aus Hanf gefertigt; überflüssig, als wir längst Waschmaschinen mit Schleudergang und Trockner hatten. Mit Seilers Tochter Hochzeit halten. Diese alte, schöne Wendung war mir damals eingefallen, aber noch nicht, als ich losging – erst im Wald. Der Mai ist der beste Monat dafür. Die kleine Lichtung, kein richtiger Weg führt dorthin, sie ist geheim. Hier hatte ich zum ersten Mal ein Kondom über mein Glied gestreift, allein, umsungen von Vögeln. Es hatte nach Puder und Gummi gerochen, ekelerregend und fremd... Buchen wachsen hochschäftig, erst in großer Höhe setzen die Zweige an, auf der Lichtung aber steht eine Ausnahme. Zwei Äste wachsen an dem glatten Stamm in geeigneter Höhe im rechten Winkel; stark genug, einen Menschen zu tragen. Und wie, um noch mehr zu verführen, bietet sich ein dritter, niedriger Ast als Treppe an. Förster müssten kommen, hatte ich später gedacht, Waldarbeiter mit Sägen und Äxten, und losgehen auf den Verführer, ihm die Äste absägen oder ihn fällen. Damit nie wieder jemand wie ich ... Walderdbeeren wachsen hier, es ist eine der wenigen Stellen im Wald. Aber sie waren noch nicht reif, und ich musste auch Hochzeit halten. Walderdbeeren und das Ende eines Idioten. Der Knoten, bei der Marinejugend gelernt, ging mir gut von der Hand.

Man steigt auf den ersten Ast wie auf eine Treppe. Ich habe mir die Schlinge um den Hals gelegt. Der Hanf kratzt. Die Bäume rauschen im Wind, und plötzlich weiß ich nicht mehr, warum ich sterben will und muss es mir vorsagen. Du bist unglücklich, du bist unglücklich. Was werden die Tiere des Waldes über dich denken, wenn sie dich hängen sehen? Vielleicht haben sie ihre Plätze für das Spektakel schon eingenommen, und sehen mich an aus ihren Verstecken. Ich werde hochspringen vom unteren Ast, um den Abstand zur Erde noch zu vergrößern, das Genick muss ja brechen, das geht nur mit Schwung. Ja, seht nur zu, denke ich und prüfe den Knoten.

Was machst du da? König lacht.

Er steht auf der Lichtung, an der einen Hand ein

Mädchen, in der anderen die Decke, auf die er es hinlegen will.

Sie starrt mich an. Ich habe König vor langer Zeit von diesem Platz erzählt. Nun kommt er mit Mädchen hierher.

Das Mädchen schreit, und ich will springen. Aber König ist bei mir und nimmt mir die Schlinge ab. Die Tiere verlassen enttäuscht ihren Platz.

Er macht nur Spaß, ruft er dem Mädchen zu. Mich jedoch schlägt er schmerzhaft in den Magen.

Idiot!

Die süßen Idiotentage ...

Am Abend nach dem Besuch in der Klinik ging ich zur Witwe, um meine Sachen zu holen. Mein Auto ist vor ihrem Haus geparkt. Der Regen hatte aufgehört, die Wolken haben sich verzogen, ein riesiger Mond geht am Himmel auf.

Wieder gehe ich über die Blaue Brücke, über die Bahn. Ich liebe Wiederholungen, sie machen mich stark, und als ich wieder am Jasminbusch bin, halte ich an und reiße die schönsten Blütenzweige herunter. Sie hängen jetzt, nach meinem ersten Pflücken, nicht mehr über den Zaun, und ich muss in den Garten, um sie abzureißen. Den Strauß werde ich der Witwe überreichen und mich entschuldigen. Ja, würde ich sagen – und wenn ich sie dazu wecken musste in dieser Maiennacht – im Geist hätte ich sie bloßstellen wollen, sie verleumden, und daher sei ich schuldig. Und würde hinzufügen, dass ich mir vorstellen könne, wer außer dem Astrophysikstudenten noch als Urheber für diese Verleumdungen in Frage käme; ein junger Selbstmörder und Theologiestudent nämlich, der aus den seltsamsten Motiven heraus schändliche Gemeinheiten hier in der Stadt beginge. Wie der junge Hölderlin sehe er übrigens aus und würde den Frauen sicher gefallen.

Die Zweige stehen in vollem Saft, und es ist schwer, sie abzureißen, sie knacken laut, als ich es tue; aber niemand hört es, und die Bruchstellen leuchten so weiß wie die Blüten im Mondlicht.

Du stiehlst ja, denke ich, und neulich hast du auch gestohlen. Du merkst es gar nicht mehr. Kurz will ich den Strauß neben das Gartentor legen. Aber der Jasmin wächst und blüht so üppig, dass man kaum sieht, dass Zweige fehlen.

Die Krankheit meiner Mutter, die Verachtung der Witwe, Königs Verfall, die Gemeinheit der Welt – mit unbändiger Lebenslust will ich diese trüben Gedanken bekämpfen!

In meinem Zimmer brennt Licht. Ich sehe es schon von Weitem. Und das Licht im Gleichnis von den törichten und den klugen Jungfrauen fällt mir ein, und wie unbarmherzig der Bräutigam den Törichten nicht öffnet. Durchwühlt der Physikstudent dort oben meine Sachen? Egal, ich habe keine Geheimnisse, und wenn! Er würde sie nicht verstehen.

Leise öffne ich die Haustür – die Schlüssel habe ich noch –, lautlos schleiche ich hinauf. Geräuschlos, den Jasmin im Arm, sperre ich meine Tür auf.

Wir Weißweintrinker erschrecken die Leute gern.
Buh! rufe ich laut.

Und wirklich fährt der Eindringling zusammen, reißt erschrocken die Augen auf, stößt einen Schrei aus, lässt die Bibel, in der er wohl geblättert hat, fallen. Es ist die Witwe.

Ich hätte sie nicht erschrecken wollen, ich hätte gemeint, jemand anderes sei in mein Zimmer eingedrungen.

Hier seien Abschiedsblumen. Ich drücke ihr in die Hand. Und nun erlauben Sie, rufe ich, ich muss meine Nachtsachen holen, ich sei zu einem Freund gezogen, morgen würde ich dann den Rest holen.

Und als ich nicht weiß, ob ich gewinnend lächeln soll, füge ich noch ein „Schöne Frau" hinzu.

Sie wird rot. Ich sehe, dass sie eine enge Hose trägt, einen engen Pullover. Ihre Figur wirkt jünger als ihr Gesicht, hier haben Leid und Zeit schon Schaden angerichtet. Wie ein kleines Mädchen steht sie jetzt da, den weißen Strauß in der Hand.

Sie habe darüber nachgedacht, was ich gesagt hätte, über die Taten im Geiste, die Verbrechen der Phantasie – sie ist stark parfümiert und wäre ich Kosake, oder Seemann … Und gerade, als ich den jungen Selbstmörder, den jungen Hölderlin als möglichen Verleumder anführen will, fährt sie fort: Auch sie habe Phantasien, voller Wollust, oder wie hieße das heutzutage in der Sprache der Kirche?

Der Physikstudent habe alles gestanden. Er habe sie

an den Anschlagbrettern der Universität als Hure bezeichnet, die obszönen Fotos ausgehängt, den Frauen darauf die Köpfe abgeschnitten und stattdessen ihren daraufmontiert ... Ich könne bleiben, trotz meiner Verbrechen im Geiste.

Setzen wir uns, trinken wir ein Glas Wein! rufe ich.

Ich hatte nicht gewagt, den Weißwein in der Küche in den Eisschrank zu stellen, nachdem mir gekündigt worden war, er ist warm, und ich habe auch nur ein Glas. Zum Ausgleich zünde ich einen Kerzenstummel an und lösche das Deckenlicht. Sie lässt es geschehen.

Wissen Sie, was ich im Geist manchmal tue?

Abrupt steht sie auf. Wieder habe ich alles falsch gemacht! Sie wolle nur die Blumen in eine Vase stellen.

Aber ich weiß, es ist, um sich zu waschen.

Am Morgen ließ ich mich mit dem Schlüssel, den König mir gegeben hatte, ins Stift ein. Ich habe das Frühstück in der Südstadt nicht abgewartet und bin im Morgengrauen hierhergekommen.

König schläft und hört mich nicht. Der erste graue Schein fällt in das Zimmer, und unter dem Fenster hat König mir den Schlafsack hingelegt, liebevoll glatt gestrichen, den Reißverschluss geöffnet, die obere Ecke einladend aufgeschlagen. Königs Atem geht leicht und leise. Oder stellt er sich schlafend? so frage ich mich, vom tosenden Trichter des Schlafes angezogen, dem Malstrom, der mich in seine süße Tiefe reißt ...

Ich weiß alles, höre ich Königs Stimme. Hat er sich

schlafend gestellt und bricht nun in Lachen aus über das kleine Glück seines Freundes? Oder spricht er wieder im Schlaf? Oder schläft König gar nicht wie andere, verliert selbst schlafend nichts aus den Augen?

16

Wieder ist eine Aussprache angesetzt. Ich will die geschlossenen Räume nicht, damit nicht alles wieder in Liebe endet. Der offene Raum, der Himmel sei mir lieber. Lass uns spazieren gehen, sage ich, aufs Schloss hinauf oder durch die Platanenallee, wo schon unsere Helden gingen vor langer Zeit.

Aber dann fällt mir ein, es ist Mai. Wie leicht konnte man sich an solch einem Tag oder gar Abend hinter einem Gebüsch wieder finden, oder in einer verborgenen Nische an der Außenmauer des Schlosses, mein Glied in ihrem Geschlecht, und die Aussprache wäre dann sinnlos.

Sie ist bereits begeistert von der Idee, unter freiem Himmel über das mögliche Scheitern unserer Liebe zu sprechen. Wozu? denke ich, wozu? Sie ist doch gescheitert!

Was macht König? Lernt er gut?

Maria wäre so gern ins Stift gezogen, aber sie ist aus

Norddeutschland, und nur baden-württembergische Landeskinder bekommen das Stipendium.

Ja, heute Morgen habe er gut gelernt. Manchmal hätte ich das Gefühl, er foppe mich nur mit seiner Vergesslichkeit, seiner Trägheit, seiner Gleichgültigkeit der Prüfung gegenüber, als stelle er sich nur so, damit ich, der vermeintliche Mentor, mein Pensum mit ihm wiederhole; dass er, indem ich ihn abhöre und mögliche Prüfungsthemen mit ihm durchgehe, in Wirklichkeit mich vorbereiten wolle auf das große Ereignis ...

Du sprichst zu viel von ihm. Du musst von ihm loskommen, so wie ich.

Sie nimmt meine Hand. So steigen wir die Treppe von der Brücke zur Insel hinunter. Tauben haben die Treppe vollgekotet, Tauben umflattern uns, schmutzige, liederliche Tiere, in denen niemals der Heilige Geist wohnen kann.

Du hast nach ihm gefragt, sage ich.

Aber nun wollten wir nur über uns reden, und sie sieht mich an, verliebt und fordernd, und erst jetzt bemerke ich, dass sie anhat, was ich an ihr liebe, die blaue Bluse mit dem tiefen Ausschnitt, der Rock, in dem ich sie kennengelernt habe, vor wie viel Jahren?

Der Rock, der aufwirbelte beim Tanzen, – eine Theologiestudentin, wie langweilig –, der aufwirbelte und ihre Beine zeigte, der aufwirbelte und ihren Slip zeigte, und sie hatte meinen Blick gesehen und gelacht, sich aber dann doch geschämt, wie Theologen es tun, langsamer getanzt, so dass der Rock durch die Schwerkraft heruntergefallen war und wieder ihre Schenkel bedeckt hatte.

Nur noch dies zu König, sage ich. Er habe ein neues Spielzeug, einen jungen Selbstmörder, den er gerade jetzt, wo wir hier gingen, wieder besuche, statt zu pauken. Er habe mich gebeten, ihn zu begleiten, ich aber hätte es abgelehnt wegen meines Treffens mit ihr.

Hinten, am anderen Ende der Insel, gibt es einen kleinen Hain. Seufzerwäldchen wird er genannt. Liebespaare gingen früher dorthin.

Liebst du mich noch? Willst du noch zusammen mit mir auf die Schwäbische Alb und eine Gemeinde betreuen?

So hatten wir es einmal besprochen, so war es abgemacht.

Pfarrer und Pfarrerin spielen?

Am Hölderlinturm vorbei, der am anderen Ufer liegt. Dann noch das Silcher-Denkmal, Silcher, den keiner mehr kennt, dann das Wäldchen. Es ist vier Uhr nachmittags. Ganz junges Grün treiben die Platanen, die Greisenbäume, noch aus. Die Farbe des Flusses heute ein Grünblau, wie ein ganz anderer Fluss, vielleicht im Gebirge.

Ich will Weißweintrinker werden und aller Welt Streiche spielen.

Sie wird rot vor Zorn. Wie schrecklich, dass man

sich trennen muss! Wie gemein, es erst dann zu tun, wenn man eine neue Liebe hat.

Ein Schwan fliegt mit sausenden Schwingen herbei und rauschend landet er auf dem Wasser.

Das Glück in der Südstadt, die braune Haut der Österreicherin, und wie sie ein Haar von der Eichel entfernte, bevor sie mein Glied in den Mund nahm.

Du musst nun tapfer sein.

Wir blickten uns um, wer das gesagt hatte – ich war es gewesen.

Du musst nun sehr tapfer sein, Maria. Hätte ich Bauchreden können, ich hätte es mit Bauchrednerstimme gesagt.

Diesmal weint sie nicht, ihr Mund steht etwas offen. Jetzt ist es heraus, dass ich es war, der das mit dem Tapfersein gesagt hat, und nun starre ich wieder auf ihren norddeutschen Zahn, und es erfasst mich ein Jammer, dass unser gemeinsamer Traum von der Alb, von einem Seelsorgerleben unter einfachen Menschen, zuschanden geworden ist.

Maria steht wie erstarrt, sie wehrt sich nicht, setzt die Waffe des Weinens nicht ein, ist nur versteinert und traurig, wie ich, wie ich!, dass es aus ist, vorbei, und schon fürchte ich Feigling, bei aller Trauer, schon ihre Rache. Wie wird sie sich rächen? und ich gehe bei aller Trauer die Möglichkeiten durch, wie sie mir schaden kann, nun, da ich ihr den Laufpass gegeben habe. Kein Bibelwort soll jetzt über meine Lippen kommen, es würde als grausamer Spott empfunden.

Du musst jetzt sehr tapfer sein, wiederholt sie leise zu sich selbst, den grausamen Satz.

Sie hat sich umgedreht, geht nicht mehr Richtung Wäldchen, hat mich stehen lassen, ist schon wieder auf der Höhe des wahnsinnigen Dichters, ist schon, schneller und schneller gehend, am verdreckten Taubenhaus mit seiner verkoteten Stange.

Maria! will ich rufen, es war nur ein Scherz, lass uns ins Seufzerwäldchen gehen, und ich nehme dich, wie du es magst!

Ach, wäre ich jetzt bei der Witwe und sie tröstete mich!

Sie wird zu König laufen und dich verpetzen, denke ich trotz meines Schmerzes. Vielleicht, dass er sie in den Arm nimmt oder mehr. Aber es wird ihn nicht kümmern. Und eine Eifersucht steigt in mir auf, obwohl ich Maria ja nicht mehr will, eine Eifersucht auf ihn und Neid, ein Neid auf seine Gleichgültigkeit.

Auch ich ging zurück. Alles prüfe der Mensch, sagen die Himmlischen ... dann das verkotete Taubenhaus, dann die Brücke. Orte sind alles, ich selbst bin nichts. Nach links auf der Brücke ginge es zu König, zum Stift. Unschlüssig blieb ich stehen. Dann lenkte ich meine Schritte nach rechts, der Südstadt zu.

Nur wenige Tage noch, dann die Prüfung, und dahinter die Zukunft, dunkel und süß.

17

Es gibt einen Bischof im vierten Jahrhundert, Eumenid, der könnte mein Vorbild sein. Er hat missioniert, wilde Stämme im Norden Europas, und obwohl er selbst nicht glaubte – es gibt ein Dokument, eine Handschrift von ihm darüber, eine seltsame Beichte –, hat er viele zum Glauben bekehrt und wurde trotz mancher Zweifel an seinem Glauben heiliggesprochen. Es gelte abzuwägen, so die Begründung der Heiligsprechung, dass er viel mehr Seelen gerettet als verloren habe, und verloren nur die eine, die eigene. Er hat übrigens ein liederliches Leben geführt, lief den Weibern nach – vielleicht um sie zu bekehren – trank und aß sehr gern, und dennoch oder gerade deswegen, trieft die „Beichte des Hl. Eumenid" nicht nur vor Selbstanklagen und Zerknirschung – contritio, wie wir Lateiner sagen –, sondern auch von Witz und rabenschwarzem Humor.

Seine Predigten, füge ich hinzu, seien von großer Schönheit, und eine Stelle daraus fällt mir ein, und Wehmut ergreift mich, und ich möchte aufstehen und davongehen, fort von der Witwe, und fort von der Prüfung, und irgendwo heilig werden.

Die Österreicherin lacht.

Du hast eine Seele in dir, und auch die Passanten auf der Neckarbrücke, in der Fußgängerzone, selbst die japanischen Touristen auf dem Marktplatz und dem Schloss.

Sie lacht. Auch wir Bewohner der Südstadt? Nein. Ihr seid Dämonen.

Ihr Bettzeug riecht nach Parfüm. Alles ist so plötzlich gekommen. Wäre ich doch tot! Glücklich und tot, das wäre auszuhalten, das wäre das Bequemste.

Wann ist deine Prüfung?

Übermorgen.

Wenn du durchfällst, werde ich dich noch mehr lieben.

Sie streichelt mich.

Lass uns von dem leben, Johannes, was wir Studenten aus den Taschen ziehen. Sei doch ein alter Mann und grab meinen Garten um. Sei doch ganz für mich da und kümmere dich nicht um Seelen. Lass Psychologen das tun.

Ja, durchfährt es mich, noch ehe sie zu Ende gesprochen hat, das ist es, was Du Dir schon immer erhofft hast, und hast es nur nicht gewusst. Dass du der Gefährte einer Zimmervermieterin wirst, und nur noch von fern mit dem akademischen Leben verbunden. Und irgendwann, falls sie vor Dir stirbt, wirst du der Witwer sein, der in der Südstadt Zimmer vermietet.

Gut. Dir zuliebe falle ich durch. Gut. Dir zuliebe bin ich ein alter Mann.

Nichts von dem, was wir sprechen, hat mit unseren nackten Leibern zu tun.

Wir sollten nicht reden, sage ich.

Glaubst du überhaupt, Johannes? Glaubst du an Gott? Und du? erwidere ich und soll doch Pfarrer werden.

Unter uns Theologen sprechen wir nicht so darüber. Wir sprechen von „Zweifel", vom Zweifel, der ganz normal sei. Gott habe ihn gegeben, und Gott werde uns helfen, den Zweifel zu überwinden. „Zweifel", das ist unser Wort.

Manchmal zweifle ich, sage ich. Muss ich denn überallhin die Lüge mitbringen? Nicht einmal daheim lässt du die Lügen, sagt Athene zum göttlichen Dulder.

Wie können zwei nackte Leiber solche Gespräche führen? Ich fahre ihr mit dem Finger über den Bauch, als würde ich schreiben, mit dem Finger, unsichtbar, wie mit Geheimtinte schreibe ich „Liebe" darauf, dann „Ficken". Was schreibst du da, wird sie gleich sagen, und ich werde die eine Hälfte verschweigen.

Plötzlich denke ich, dass die Prüfung schon morgen ist, dass ich das aber vergessen habe, und weiß kurz den Wochentag nicht und das Datum, dann aber fällt mir beides wieder ein: Übermorgen ist es soweit.

Fall durch, versprich mir das!

Sie scherzt. Ich nehme ihre Hand.

18

König will nicht mehr lernen. Der junge Selbstmörder interessiert ihn mehr. Lass uns lernen! sage ich noch am Tag vor der Prüfung. Er aber geht in die Klinik.

Ich weiß jetzt, womit er Luigi erpresst hat, ruft er mir zu, stürmt an mir vorbei; grüßt nicht einmal den Pfortendienst, der ihm zuwinkt. Alle im Stift nehmen ja Anteil an Königs Schicksal.

Und als ich ihm nachsehe, erscheint Maria auf der Straße, verweint, und vertritt ihm den Weg. Will sie mich also verpetzen, denke ich. König aber umarmt sie vor meinen Augen, nimmt sie bei der Hand und läuft mit ihr die Treppe hinauf zur Stiftskirche. Und wirklich geht Maria mit ihm, sich sträubend erst, dann lachend ihn überholend, zieht ihn hinan, ihr Schmerz über die Trennung von mir ganz vergessen, ein verspieltes Paar. Wie gut sie zusammenpassen, denke ich, diese Norddeutsche und der für sein Alter zu schwere Mann. Übermut statt Trauer bei Maria, die sich auf der Treppe nun hinter ihn stellt und schiebt, und König lässt es sich lachend gefallen. Wolltest du dir nicht mit mir eine Pfarrstelle teilen, auf der Alb, wo sie am rauhesten ist?

Am 16. Juni wachte ich früh auf, und seltsam, als ich durch das Schlafzimmerfenster der Witwe nach draußen blickte, war die Straße, der Garten von Nebel eingehüllt. An einem Herbsttag also die Prüfung, an einem Herbsttag im Sommer. An solchen Tagen, die die Zukunft prägen, fallen einem oft kleinste Dinge auf, und man vergisst sie nicht mehr, während man anderes, Wichtigeres nach gar nicht langer Zeit vergessen hat, und im Erinnern wird dieses völlig Belanglose, völlig zufällig Beobachtete unweigerlich zur Metapher, und alles gerinnt zur Vorbedeutung – wir Theologen sind anfällig dafür.

Solche Gedanken gingen mir durch den Kopf, während ich mich in meinem Studentenzimmer anzog. Wie froh ich war, allein zu sein! Gut, dachte ich, ich bin nicht der einzige, sechs Kandidaten werden heute geprüft, du bist nur einer von ihnen, allein hier schon sechs, einbestellt ins Dekanat. Wie viele aber sind es im ganzen Land, auf der ganzen Welt? Lasst mich nachrechnen … Zischend schmiegte sich das Hemd an meinen Körper. Wie es leuchtete! Nun noch der Anzug und die Krawatte.

Was aber, wenn König vergisst, sich adäquat zu kleiden? Wenn er in seiner verlotterten Hose zur Prüfung erscheint, seinem verlotterten geflickten Pullover, leberwurstfarben, so nenne ich ihn? Siedend heiß fällt mir diese Möglichkeit ein. Aber ich werde zehn Minuten früher dort sein, dann bleibt Zeit, sich noch umzuziehen.

Wie ein Schiff teile ich im Gehen die grauweiße Masse. Ich bin allein. Nur Nebel soll es außer mir geben! Und schon geht mein Wunsch in Erfüllung. Es gibt nur mich und die grauen Schwaden, kein Dekanat, kein Stift, keine Prüfung. Alles Erfindungen, Opium für das Volk.

Aber ginge ich nicht allein durch dies feuchte Grau, das den Augen so gut tut, ginge jemand mit mir, neben mir, gingen jetzt König und ich schweigend nebeneinander durch diese graue, schöne Welt, dann wäre das die Gelegenheit, ihm einen Gedanken anzuvertrauen. König, würde ich sagen, nachdem wir schon lange schweigend gegangen wären, wenn ich so tue, als glaubte ich, und kann dadurch in anderen Menschen den Glauben wecken, oder ihn stärken, wenn sie ihn besitzen, und machte das besser als andere, die selber glaubten – nur dir, König, erzähle ich das!

König aber sagte kein Wort, schritte unbeirrbar vorwärts, unbeeindruckt von meinem Geheimnis. Und doch wüsste ich, dass er mich verstanden hätte, und etwas ginge von ihm aus, dass ich spürte, er heißt es gut.

Der Nebel, der mich umgibt, lässt mich alles vergessen, was ich von Patristik, dem vierfachen Schriftsinn, der Befreiungstheologie, dem himmlischen Jerusalem weiß, all mein Wissen verblasst in diesem bleichen, starken Nebel. Wenn ich aber nichts mehr weiß, dann ist es sinnlos, dass ich noch vorwärtsgehe, dann darf ich zurück zur Witwe, die, wieder schön geworden, auch zu so früher Stunde bereit ist, den Heimgekehrten mit geöffneten Beinen zu verschlucken.

Ich sehe das Geländer der Brücke, schemenhaft, ahne den Fluss in der Tiefe, ihn, der den Nebel sendet, der ihn ausschickt, die Stadt zu erobern...

Die Glocke schlägt im unsichtbaren Stiftskirchenturm, schlägt so laut, als stünde ich neben ihr, und ihr Lärmen betäubt mich. Was, wenn ich jetzt ins Wasser fiele? Aber, König. Ich will auf meine Armbanduhr blicken, doch ich habe sie gar nicht an. An einem Herbsttag im Sommer, und ich habe meine Uhr vergessen ... Und jetzt sehe ich die Uhr auf dem Nachttisch der Witwe liegen, zieh deine Uhr aus, bevor du mich puderst, leg erst die Uhr ab, und dann komm her!

Eine Uhr bringt der Liebe Unglück, die Uhr ist der Liebe Feind.

Es ist, als sei König aufgewacht aus einem mehrjährigen Schlaf, aus einer Betäubung, aus seiner Wurstigkeit, die doch auch Stärke ist. Schreckensbleich treffe ich ihn im Stiftszimmer an, und er trägt seinen dunklen Anzug.

Ach, da bist du ja, sagt er müde lächelnd.

Heute Nacht sei sie plötzlich über ihn gekommen, eine schnelle, dumpfe Angst, deren Berechtigung er nicht habe einschätzen können, und um sie zu bekämpfen, um wieder einzuschlafen, habe er zu sich selbst gemurmelt, immer wieder: Heute wirst du geschlachtet. Es habe aber nicht geholfen. Solche Geheimnisse erzählt er sonst nie.

Hier, ich habe uns Kaffee gemacht. Er gießt mir ein. Als wir zusammen lernten, hier in diesem berühmten

Zimmer, hatte stets ich den Kaffee kochen müssen, ja, ich hatte mich angeboten, damit ihm mehr Zeit zum Lernen bliebe.

König aber macht den besten Kaffee von allen.

Lob den Kaffee nicht, sagt König. Ich kann heute Lob nicht ertragen. Zischler, sagt König, Zischler werde heute auch geprüft. Meinst du, er wird bestehen? Wir hätten ihn in der Schulzeit nicht gut behandelt, nun solle der arme Zischler wenigstens das Examen bestehen. Weißt du noch, sagt König, und will fröhlich erscheinen, in der Schule? Ein halbes Schuljahr lang hätten alle, wenn sie Zischler gesehen hätten, gerufen: Zischler, du wirst bald sterben! Zischler, du lebst nicht mehr lang! König selbst hatte damals damit angefangen, König hatte diese beiden Sätze ersonnen und uns damit angesteckt. Aber ich sage nichts, während der Nebel vor dem Fenster die Sicht nach draußen nicht freigibt.

Hast du noch etwas behalten? rufe ich voll plötzlicher Angst.

Soll denn all meine Mühe vergeblich gewesen sein, in seinem Kopf kein Wissen mehr, nur alte Geschichten von Zischler, der dann doch nicht gestorben ist, der heute geprüft wird wie wir?

König schüttelt lächelnd den Kopf. Nein, es sei alles fort, nur Leere und Panik sei nach letzter Nacht noch in ihm. Tröstend schlägt er mir auf die Schulter, als habe er nur gescherzt.

Wenn er mich nun ansteckt? Steck mich nicht an,

du Gottesmann! rufe ich von der Bank, auf der die Spötter sitzen.

Er schweigt und die Zeit dehnt sich. Aber, sagt er endlich mit verdüstertem Gesicht, sag ehrlich, Johannes (jedes Mal stutze ich, wenn er seinen Namen mir gegenüber benutzt) früher einmal war ich brillant?

Es gibt nur die Prüfung auf der Welt, sonst nichts. Wie gut, wie einfach alles ist. Nur Bestehen oder Verworfensein. Wie einfach, wie herrlich ist solch eine Welt!

Ja, noch vor zwei Jahren warst du brillant.

Dann bin ich zufrieden, sagt König und nickt. Mehr bedarf es nicht. Und danke für die Zeit des Lernens.

Er ist nun ruhiger, er geht nun aufrechter im Zimmer auf und ab, schlürft elegant den erlesenen Kaffee, ja, in seinem dunklen Anzug – der ihm gar nicht mehr passen dürfte, ich kenne den Anzug seit vielen Jahren, und König ist fett geworden – sieht er jünger, schlanker, tatkräftiger aus. So wie früher. Das ist ja ein Verführer, denke ich, welcher Prüfer sollte ihm widerstehen? Und ihm nicht die beste Note geben, nur, um sich einzuschmeicheln bei ihm? Und wie ein Rausch kommt das Bedürfnis über mich, ihm gleich jetzt zu gestehen, was ich mir selbst vorhin im Nebel gestanden habe. König, sage ich, kann ich nicht, obwohl ich nicht glaube, Gott trotzdem nützlich sein? Aber stattdessen sage ich: Habe ich dir nicht deine Hausarbeit mit Bravour geschrieben? Was kann da noch schief gehen, König?

Er nickt. Er nickt zwar, aber er glaubt mir nicht, genauso wenig, wie ich es tue.

Egal, ob du durchfällst, König: Überall, wo man Kaffee ausschenkt, würde man dich mit Handkuss nehmen!

Wieder nickt er, traurig jetzt.

Spiel mir einen Streich, Johannes. Du wolltest das immer. Ein Weißweintrinker werden und aller Welt Streiche spielen. Diese Worte haben sich mir eingeprägt.

Für einen Moment sieht er wie Hegel aus, der in diesem Zimmer gewohnt hat, nur ohne dessen eiserne Zuversicht.

Vielleicht hat er recht. Jetzt wäre die beste Stunde, ihm einen Streich zu spielen! Jetzt, da er schwach ist.

Wie viel Zeit haben wir noch?

Ich noch zwei Stunden, du noch drei, antwortet König.

Mir fällt kein Streich zu dir ein. Soll ich dich abhören, vertreibt uns das die Zeit? Welcher Esel hat den Engel gesehen, und wer war der Herr des Esels, und sah den Engel nicht?

Er kenne, sagt König, nur Buridans Esel, der zwischen zwei gleich großen Haufen Heu verhungern muss, denn er kann sich nicht entscheiden, von welchem er fressen soll.

Du weißt es also nicht, rufe ich triumphierend. Es ist Bileams Eselin, die zu sprechen anhebt, weil sie den

Engel mit dem Schwerte sieht. Maimonides interpretiert die Stelle als Ermahnung gegen Tierquälerei.

Ach, antwortet König traurig.

Wie schön König ist, als wir langsam, gemessenen Schrittes, über das Kopfsteinpflaster zum Dekanat gehen. Unendlich lang kommt ihm die relativ kurze Strecke vor, ich spüre es, sein Gesicht ist bleich, sein Gesicht schwitzt ein wenig an diesem Herbsttag im Sommer und scheint durch den Schweißfilm von innen zu leuchten, und ich bleibe dicht bei ihm, als könnte ich ihn verlieren im immer noch dichten Nebel.

Johannes, ich fühle mich elend. Er lacht, und ich lache zurück.

Wann hätte es das je gegeben, rufe ich, dass ein Stiftler durch eine Prüfung fällt? Und als ich ihn so elend sehe, sein Gang nun schleppend, schon jetzt schleppend, obwohl der Ort der Prüfung, das Dekanat, noch längst nicht erreicht ist, ganze Leben könnte man in den zwanzig Minuten bis dorthin verleben, nun, wo ich ihn am liebsten an die Hand nähme aus Mitleid oder aus Begeisterung darüber, wie schön er ist in seiner Angst, umrahmt vom Nebel: wie ein Bild, ein Porträt, nun spüre ich durch ihn die ganze Fülle des Lebens, das Leben in seiner Herrlichkeit, mit seinen Prüfungen, seinen Witwen, seinen Müttern, seinen Trennungen, seinen Freunden – dieses ungeheure Mahl des Lebens, auf das ich mich stürzen und es verzehren will, es verschlingen mit Haut und Haar.

Ist es nicht herrlich, König?

Aber König leidet und schweigt und folgt mir mit zaghaftem Schritt.

Komm, König, rufe ich und hake mich bei ihm ein.

Sein Arm hängt schlaff in meinem, König, der frechste, brillanteste Freund, nun so schwach, so verzagt! (Und ich prüfe mich, ob mich das freut. Nein, sage ich mir.)

Die Treppen hinauf zur alten Aula. In meinem Kopf der gesamte Prüfungsstoff. Könnte ich doch hineingreifen, etwas Gehirn entnehmen und es in den Kopf meines armen Begleiters tun!

König, du kannst alles, wenn du nur willst!

Und als wüsste auch er das, richtet er sich auf, wird der Druck seines Armes stärker, löst er den Arm nun aus meinem: Ja, was soll's, sagt er, gehe ich eben mit fliegenden Fahnen unter!

Oder du triumphierst, antworte ich und glaube es mir sofort.

Es schlägt von der Stiftskirche her, die unsichtbar über uns steht mit ihrem Turm, irgendwann nicht höher gebaut, ich aber liebe ihn trotzdem, denn er passt zu dieser Stadt.

Wir gehen nun schneller, König geht nun voraus, ich sehe ihn gehen, seinen schönen, provozierenden Gang, so als käme da einer, der die Schöpfung nicht ernst nimmt, und wieder – wie oft noch in meinem Leben – habe ich dem nichts entgegenzusetzen, möchte ich nur einmal im Leben so sein wie er.

Plötzlich bleibt er stehen, gerade jetzt, wo der Nebel etwas aufreißt und den Blick freigibt auf andere. Passanten, Studenten, Rentner, umflossen von milchigem Grau, missmutig von der Kälte, die in dem Nebel wohnt.

Willst du mich so haben? fragt König und lacht. Er hat sich umgedreht, sein Gesicht nun keck, der Angstschweiß verschwunden, verdunstet, aufgebraucht, seine eben noch verzagte, plump gewordene Gestalt gestrafft – ein Seefahrer, der kühn am Bug steht.

Kennte ich König nicht, ich wäre verwirrt, und doch verwirrt er mich immer wieder.

Ja, antworte ich. Denn so wie er will ich werden, würde ich gerne sein. Und, füge ich hinzu, jemand wie du, hat der es nötig, den Schmerzensmann zu spielen? Wegen solch einer Lächerlichkeit, wegen einer Prüfung?

Ich wollte, sagt König, du würdest mich freigeben. Ich wollte, du könntest mich gehen lassen, dass es nur noch so ist, dass du erzählst – in einer Kneipe, Wildfremden, im Flugzeug, auf Flughäfen, Frauen vielleicht, die du interessieren möchtest für dich –, dass ich auf den kleinen Satz zusammenschmölze: „Ich habe mal jemand gekannt."

Das ist mein Ziel, antworte ich. Aber erst gehen wir in die Prüfung, und danach wirst du Radikaltheologe, denn das ist angelegt in dir!

Eben hatte ich ihn noch an der Hand gehalten, um ihm Mut zu machen.

Und dann, als gäbe es nicht nur mich und König, taucht hinter uns Zischler auf, totenblass, das schwarze Haar verzottelt, verschwitzte Strähnen um seinen Kopf, die gutgläubigen Augen wie immer weit aufgerissen, so überholt er uns, hat uns nicht wahrgenommen, und obwohl ich sehe, dass seine Hose zerrissen ist, man mit solch einer Hose nicht zum Examen darf, kann ich nicht anders und rufe ihm nach, als habe König mir das befohlen oder doch seine Freude daran: Zischler, du kommst zu spät! Deine Prüfung hat längst angefangen! Hat ohne dich angefangen!

(Sagte ich bereits, dass Zischler unsterblich in Maria verliebt ist?)

Dann ist Zischler im Nebel verschwunden, wir denken nicht mehr an ihn.

König, sollen wir nicht immer im Nebel bleiben? Willst du nicht die Zeit anhalten, es ist dir ein Leichtes?

Ich gehe jetzt voraus, ich bin der erste und so kommt es, dass eine kleine, verschrumpelte Frau auf mich zutritt und, als ich sie zur Seite schieben will, sie meine Hand nimmt und sie streichelt: Viel Glück, mein Junge. Und nun sieht sie, dass sie sich geirrt hat.

Ach, Johannes!

Und macht sich los von mir, und, während ich zusehe, tritt sie zu König, und alles wiederholt sich: Viel Glück, mein Junge, und der Händedruck; aber vielleicht ist der Segen schon stumpf geworden, kraftlos geworden beim zweiten Versuch.

Du solltest doch nicht kommen.

Sie fängt an zu weinen. Sie habe es nicht ausgehalten, ihn nicht nochmal sehen zu dürfen.

Und wenn ich durchfalle? lacht König, nimmt sie aber doch in den Arm.

Ich habe mich abgewandt, um die Umarmung nicht zu stören. Vielleicht genügt es, denke ich, wenn König an Gott glaubt, vielleicht ist das für uns beide genug, und er braucht es auch nicht zu wissen, doch dann lenkt ein anderer Gedanke mich ab: Der Gedanke, den ich immer habe, wenn ich König mit seiner Mutter sehe, eine Großmutter eher als eine Mutter, und ich war mir während unserer Schulzeit großmütig vorgekommen, dass ich den Vergleich mit meiner eigenen Mutter, strotzend von später Jugend, nicht öfter angestellt hatte. Aber dann, damals schon, dieser Gedanke: Dass Königs Mutter alles gegeben hatte, all ihre Lebenskraft, um einen wie König zu schaffen, nicht an sich gespart hatte, alles auf eine Karte gesetzt hatte, und es war gelungen! Wohingegen meine Mutter knauserig gewesen war, und ihre Lebenskraft nicht ganz hatte herausrücken, ihre Schönheit, ihren Reiz hatte behalten wollen, und mir nur so viel abgetreten hatte, dass ich wurde, wer ich bin. Doch das ist nicht so schlimm, hatte ich mich damals getröstet: Denn es gab König, so, wie er war, und ich war sein Freund. (Hätte ich es denn ausgehalten, wie er zu sein? Niemals!) Und ich war wieder stolz auf meine schöne Mutter und bin es heute noch, da ihre Schönheit von Krankheit bedroht ist.

Du solltest nicht kommen, sagt König erneut. Er lächelt ihr zu, nimmt wieder ihre Hände, küsst sie sogar. Ja, König liebt seine Mutter, wenn auch auf eine gutmütige, etwas herablassende Art; so, wie auch ich von ihm geliebt werden möchte.

Der Nebel reißt auf, das Dekanat liegt nun drohend und schweigend vor uns. Aber im Prüfungszimmer brennt Licht. Und als wir hineingehen, fällt ein Lichtstrahl auf die Frau, nach der wir uns noch einmal umgedreht haben, fällt Sonne wie ein Scheinwerfer auf die alte Mutter, so als hätte jemand falsch mit dem Licht gezielt. Die einfachen Leute, denke ich, wie soll ich sie später betreuen? Sie mögen mich; ich jedoch habe Angst vor ihnen.

Wir sind viel zu früh dran, sage ich.

Er habe so seiner Mutter aus dem Weg gehen wollen, er habe ihr gesagt, sie solle nicht kommen. Nun stehe sie vielleicht die ganze Zeit dort draußen, und das lenke ihn ab und schwäche seine Konzentration. So dass die Liebe, sagt König, und lacht da bei leise, oft das Gegenteil von dem erreicht, was sie will.

Langsam steigen wir die vertraute Treppe hinauf. Nizäa, das filioque, der Sohn nicht schlechter als der Vater. Aber, denke ich ketzerisch, ist er vielleicht besser? Und eine süße Verführung kommt über mich, heute um elf die schlauesten Ketzereien, die spitzfindigsten Häresien den Prüfern ins Gesicht zu schleudern.

19

Die hohe Eichentür mit den Glaseinsätzen, dem eisernen Schmiedewerk; im Winter, wenn der abgetretene, schmutzige Schnee schmilzt und den hellen Steinfußboden dunkel färbt, im Winter seufzt sie; im Sommer, bei Hitze und Trockenheit, ist es ein langer Schrei, den sie ausstößt, während sie sich langsam schließt.

Ein Kronleuchter erleuchtet spärlich das Treppenhaus des Dekanats, die vielen Glühbirnen ergeben selbst gemeinsam nur geringe Helligkeit; eine Kirchenhelligkeit ist das, gerade ausreichend, das Gesangbuch zu lesen, während die Gesichter (selbst die schöner Frauen – auch solche gehen zur Kirche) schon fünf, sechs Bankreihen weiter im Halbdunkel verschwimmen.

Nun die kurze Treppe aus Travertin. Glaube, Hoffnung, Liebe, so nenne ich seit dem ersten Semester ihre drei Stufen, die Liebe aber ist die größte unter ihnen: so muss man zählen, dann ist man oben angekommen. Manchmal aber überspringe ich eine von ihnen, nehme zwei Stufen auf einmal, komme vom Glauben gleich zur Liebe.

Vorbei, wenn dieser Tag zu Ende ist.

Jetzt sage ich König, dass ich ein Erz bin, eine Schelle, dass ich mich nur seinetwegen, weil ich ihn mag und brauche, für diesen Lebensweg, dieses Studium entschieden habe.

Ja, König, du wunderst dich, dass ich am Tage der Prüfung zwei Stufen auf einmal nehme! Aber die Worte dazu kennst du nicht.

Links den Gang hinunter sehen wir die hölzerne Bank, die neben der dunklen Eichentür vor dem Prüfungszimmer steht. Dort wollen wir uns hinsetzen und warten.

Was aber ist, wenn ich trotz meiner Gottlosigkeit dafür geeignet, ja für den Beruf des Seelsorgers geboren bin?

König, sage ich, als wir uns setzen, alles ist leer, still, nichts summt oder brummt im Dekanat so wie in modernen Gebäuden.

König, ich glaube nicht ...

Aber auch König hat etwas sagen wollen, gleichzeitig haben wir zu sprechen begonnen, als wir uns setzten, und lachen darüber.

Du weißt, dass ich manchmal jedes Interesse verliere, etwas zu wissen. Dann werde ich ein trüber Gast in der Prüfung sein. Trotzdem, lacht König und stößt mich in die Rippen, danke für das Lernen mit mir.

Und als er mich in die Seite stößt, lacht und mich ansteckt, ist es wie früher; wir wissen nichts mehr von Bartholdy und anderen Prüfern, oder vom armen Zischler, und sind doch nur durch die Eichentür von ihnen getrennt. Wie früher im Teufelsclub ist es jetzt. Diese Ernsthaftigkeit mit Leichtsinn gepaart! Fast sind wir Weißweintrinker.

Aber aus der Tiefe des Flurs taucht Lehmann auf, der Pedell, hochrot im Gesicht vor grundloser Wut.

Was lacht ihr? brüllt er uns an, die wir uns wie Schüler auf der Eichenbank lümmeln, so zwingend versetzt sein Ton uns zurück ins Schüleralter, wisst ihr nicht, dass jetzt Prüfung ist? Dass es dort drinnen für jemand um alles geht, und ihr lacht? Dass man euch hören kann, und der Ernst der Prüfung ist gefährdet?

Schon gut, Lehmann, wir selber werden heute geprüft, schon gut, Lehmann, geh in deine Loge und trink einen Kaffee.

Ich habe, sagt König plötzlich, wie traumverloren, mit drei Stiftlern nachts Karten gespielt. Im ehemaligen Karzer habe er sie beim Spielen angetroffen und sich dazu gesetzt. Und stell dir vor, Johannes! In ihrer Gegenwart habe er sich klein und unwichtig gefühlt. Lass uns Karten spielen! Und er holt ein Spiel Karten hervor. Das zischende Geräusch, mit dem wir Karten schlagen.

Es ist das Stift, Johannes. Die Last der Vergangenheit. Wie kann ich dort jemand werden, wo schon so viele geworden sind? Ob es nicht überhaupt besser sei, sich vom Strom der Zeit überspülen zu lassen und unterzugehen? Übrigens erinnere er sich an alles, was ich ihm eingetrichtert hätte. Er wisse nur nicht, ob er es im entscheidenden Augenblick auch sagen wolle.

Fünf Minuten sind es noch auf der Uhr an der Wand.

Du musst es wollen, König, dann geht es!

König aber hat auch dieses Spiel gewonnen und lacht.

König, schau doch hin, steck die Karten weg! Siehst du denn Bartholdy nicht, der so früh, fünf Minuten zu früh, aus der Tür des Examenszimmers tritt? Er war dir gewogen, jetzt gilt es, ihn nicht zu verärgern mit Lachen und Kartenspielen!

20

Ich brauche Sie, König!

Und nun sehen wir, König mit den Karten noch in der Hand, dass Bartholdy blass ist, gelb sein sonst so bräunlich-gesunder Teint.

König, Sie kennen Zischler doch! ruft er leise und flehend. Waren Sie nicht Schulkameraden? Kommen Sie, kommen Sie mit hinein und versuchen Sie es mit ihm! Auf uns Prüfer hört er nicht mehr.

Was muss ich wissen? fragt König kühl und präzise, absichtlich kühl, um Ruhe auszustrahlen. Ob Zischler durch die Prüfung gefallen sei?

Nein, antwortet Bartholdy, erschrocken über Königs rohen Ton und doch davon getröstet in seiner Verwirrung.

Zischler habe den Stoff beherrscht, alles gut darlegen können, man habe ihn bereits merken lassen, dass er bestanden habe, da habe er die Prüfer plötzlich gefragt, ob sie an Gott glaubten. Sie hätten geantwortet, ja, aber das tue jetzt nichts zur Sache. Das habe Zischler sehr aufgeregt, und er habe angefangen, laut zu beten, Gott zu preisen und auch zu singen. Vielleicht nur eine Nervenkrise, bedingt durch die Anspannung vor und während der Prüfung. Sie hätten ihn ermahnt, er sei aber fortgefahren mit den Lobpreisungen.

Das sei mehr als eine Nervenkrise, fährt König ihm über den Mund. Aber die Nervenklinik sei gleich um die Ecke, und dorthin werde man Zischler bringen.

Was dann aber mit seiner eigenen Prüfung sei? will König wissen. Eine halbe Stunde oder vierzig Minuten habe man schon mit Zischler zu tun, selbst, wenn er folgsam wäre.

Sonne fällt auf den Gang und malt Kringel auf der Holztäfelung, golden leuchtet das lackierte Holz.

Darüber könne man reden!

Wie erleichtert Bartholdy ist; wie die Skilehrerfarbe zurückkehrt in sein Gesicht.

Was hast du vor? frage ich leise, König aber hat die Tür zum Prüfungszimmer schon aufgerissen, winkt mir, zu folgen.

Gott ist groß, Gott ist allmächtig, er liebe uns alle!

Zischler sagt das nicht laut, er spricht es eher in sich hinein, zusammengekauert auf dem Stuhl des Prüflings, in seiner zerrissenen Hose. Er lächelt und spielt mit den Fingern. Ganz glücklich sieht er aus. Wie glücklich er aussieht! sage ich leise.

Ja, wir sollten ihn gar nicht stören, antwortet König. He, Zischler! Du lebst nicht mehr lang!

Ohne die Beisitzer zu grüßen, geht er direkt auf Zischler zu. He, Zischler, du wirst bald sterben!

Gott ist allmächtig, ist unbesiegbar! Wer sind wir denn gegen Ihn, König? Ein Nichts! Ein Halm im Winde. Mit Harfen und Psalter wollen wir den Höchsten loben! Komm, König, stimm ein! Du hast mich immer gequält. Doch wenn du mit einstimmst, soll das vergessen sein.

Ja, Zischler, Gott ist allmächtig! Fürsorglich reißt König den Kauernden hoch, und wir andern erschrecken vor so viel Rohheit, vor so viel Fürsorge. Willst du mit Zungen reden, Zischler? Du darfst das hier.

Ein tönend Erz, eine Schelle? Nein, König, das möchte ich nicht. Aber ist Gott nicht herrlich, seine Wunder ohne Ende?

Ja, stimmen wir alle zu.

Der Nebel ist nun endgültig verschwunden, durch die Fenster des Prüfungszimmers scheint die Sonne herein und malt flirrende Kringel auf den geölten Dielenboden.

Wie schön! denke ich, während König den Prüfling an der Hand nimmt, den Beisitzern zunickt, es würde schon alles gut, Bartholdy sogar zuzwinkert.

Komm mit, Johannes, ich brauch dich. Nimm seine andere Hand.

Und während König aus dem Hohen Lied zitiert, das von den Rehzwillingen, führen wir gemeinsam, König und ich, den Kranken aus dem Raum.

Er hat bestanden, er hatte schon bestanden, dachte ich immer wieder.

Zischlers Hand ist kalt, kalt und feucht, die Schnauze eines Hundes. Nun redet nur König noch, und während wir die Glaubenstreppe hinuntersteigen, erzählt er Zischler, und Zischler staunt mit offenem Mund, den Blick in die Ferne gerichtet, das von den Siegeln, und dass sie geöffnet werden und von dem Regen aus Fröschen.

Ist das nicht schön, Zischler? unterbricht König sich kurz. Hand in Hand gehen wir über die Straße. Zischler beginnt, mit den Armen zu schwingen, so dass wir, die seine Hände nicht loslassen wollen, mitschwingen müssen, und wir lachen alle drei, es ist, als kämen wir von der Schule nach Hause und trödelten und machten Unfug.

Nun, fragt König, weil Zischler verstummt ist nach dem Lachen, ist Gott noch allmächtig?

Zischler schweigt.

Wir gehen nun schneller, Passanten mustern uns, alte Frauen und Studentinnen, weil wir so mit schwingenden Armen die Straße entlangmarschieren, jetzt schon die Treppe zur Klinik betreten haben.

Ich habe schon einmal jemand hierher bringen müssen, sagt König über Zischler hinweg zu mir.

Wir steigen und steigen, und oben an der Treppe wird gleich die Klinik erscheinen, am Gehege mit den zahmen Rehen auf halber Höhe sind wir schon angekommen.

Schau nur die Rehe!

Wir blieben stehen. Die Rehe aber blicken nicht auf, mit ihren Äsern reißen sie das maigrüne Gras aus, mit großen klugen Augen schauen sie nicht nach rechts oder links, all ihre Aufmerksamkeit ist auf das fette Gras gerichtet. Sieh nur, die Rehe, wiederholt König und zeigt sie Zischler, ohne ihn loszulassen.

Ein Lächeln geht über Zischlers Gesicht, dann verdüstert es sich wieder, eine glückselige, wilde Verdüsterung.

Auch sie hat Gott geschaffen, denn Gott hat alles geschaffen! Ja, antwortet König, doch nun wollen wir weiter.

Zischler starrt uns an, und ich spüre über seine Hand ein leichtes Zögern, den halbentwickelten Willen, hier bei den Rehen stehen zu bleiben, oder sich loszumachen und eines der Rehe zu sein.

Zischler murmelt nur noch, lobt Gott nur noch leise, keucht dabei, denn die Treppe zur Klink ist steil, und ich frage mich, und auch ich keuche ein wenig, was Bartholdy jetzt macht und die anderen Prüfer, nun, da wir Prüflinge uns die Rehe ansehen und dann weitersteigen bis zur Klinik.

Ich kann seit meiner Berliner Zeit nicht mehr gut unterscheiden, was Spaß ist und was Ernst, was Scherz und was Wirklichkeit (auch hier spielt das Gottesproblem mit hinein), und obwohl ich annehme, dass ich mich gerade in einer traurigen, fast tragischen Situation befinde, rufe ich: Wir sollten alle drei in die Klinik gehen! Dort gibt es Bauklötzchen und freies Essen für alle!

Die letzten Treppenstufen sind wir stumm, dann fängt König an, Gott zu loben, und wir beiden anderen stutzen, dann fallen wir ein.

21

Einen gläsernen Anbau hat man vor das wilhelminische Krankenhaus gesetzt, eine Art Foyer mit Anmeldung. Patienten in Bademänteln sitzen auf Korbsesseln neben Palmenkübeln und blinzeln in die Sonne. Wir sind eingetreten und halten uns immer noch an den Händen.

Nur deinetwegen bin ich mitgegangen, ruft Zischler plötzlich, wie zu sich gekommen, nur dir zuliebe gehe ich, wohin du willst.

Ja, ja! winkt König ab. Wer ist verrückt? ruft es.

Das Alter des Rufers ist nicht zu bestimmen, sein Geschlecht nur mit Mühe, wie so häufig bei diesen Kranken. Zieht er nicht, während er uns misstrauisch mustert, das Revers zusammen wie über Brüsten?

Ihr alle seid verrückt! donnert der Mann, steht auf und bietet uns seinen Sessel an.

König aber hat Zischler losgelassen und steht an der Rezeption. Ich habe bestanden, Johannes, Gott hat mir geholfen!

Ja, das hast du, Zischler.

Ein junger Arzt tritt aus einer Tür hinter der Rezeption, und ich vermute, dass die Rezeptionistin auf einen verborgenen Knopf gedrückt hat. Mit vier Schritten ist er bei uns. König aber, mit seinen feinen Sinnen, ist schneller, stößt ihn zur Seite. Und er bedeutet dem verdutzten Arzt, der sich mit der Hand durch den roten Bart fährt, noch zu warten.

Zischler, König blickt ihm ins Gesicht, ich muss dich um Verzeihung bitten, wir haben dich in der Schulzeit nicht gut behandelt, bitte verzeihe das mir und auch den anderen. Nun aber hast du die Prüfung bestanden, Zischler, und kannst Seelsorger werden. Aber erst muss deine eigene Seele, der weltliche Teil da von, zur Ruhe kommen. Willst du zugeben, dass du krank bist?

Ja, antwortet Zischler. Ja, König, ich bin krank, ich bin verrückt! Andauernd muss ich Gott loben, ich kann nicht aufhören damit! Denn Gott …

Dann übergebe ich dich jetzt Dr. Stracker. Doch ich werde dich besuchen. Nach der Prüfung besuche ich dich. König lächelt. Stracker nimmt Zischlers Hand. Gemessenen Schrittes, so wie Pfarrer bei Amtshandlungen, gehen die beiden den Gang hinunter. Zischler ist nun ganz ruhig, nur einmal fährt er mit der Hand vorsichtig dem Arzt durch den roten Bart, wie um herauszufinden, wie es ist, dieser Arzt zu sein.

Dr. Stracker lacht und hakt ihn unter. Was er antwortet, hören wir nicht.

Das hast du gut gemacht, König, sage ich.

Du hättest ins Stift kommen sollen, Johannes. Dort lernt man Menschenführung. Nun aber, und er wirft stolz den Kopf zurück, auf zur Prüfung!

Ich selbst war einmal eine Woche hier in der Klinik, als du in Berlin warst.

Wir sind bei den Rehen, als er das sagt, und es macht mich schwindelig, dass ich das nicht wusste, und als ich einen Laut des Erstaunens ausstoße, als könne ich nicht sprechen, blicken die Tiere auf. Wie viel Empörung, oder wie viel Gleichgültigkeit ist in ihrem Blick?

Königs Prüfungszeit ist fast vorüber. Um elf muss ich das Prüfungszimmer betreten.

Komm, sagt König, die können warten. Lass uns noch einen Kaffee trinken.

Wieviel Spaß es mir immer noch macht, König zu folgen.

22

Wieder stehen wir am Schaufenster, von wo aus man auf die Straße hinaussieht. Das Ticken der Zeit macht mich müde. Dies ist meine Prüfungszeit, denke ich, die von König ist längst vorüber.

Wieder blicken wir auf die Passanten hinaus, aber König wertet und wiegt diesmal nicht: Keiner wird verworfen.

Er spricht von etwas anderem, und ich höre nicht zu. Dies ist etwas Wichtiges, denke ich, etwas, woran du dich später erinnern wirst; in der Zukunft wird dir etwas vorkommen so wie jetzt …

Wie behaglich ist mir neben König, während woanders die Prüfungsuhr läuft.

Du hörst mir nicht zu! Er lacht und rührt in seinem Kaffee. Doch, antworte ich, und ohne zu wissen, woher ich das habe, wiederhole ich, was er gesagt hat.

Du willst einen radikaleren Gottesbegriff, dass der freie Wille auf den Prüfstand kommt, ob er noch taugt im Dialog mit solch einem mächtigen Wesen.

Lachend stößt er mich in die Seite, verwundert, dass ich es weiß.

Du willst, fahre ich fort, blind vertrauend auf den kleinen Mann in mir, der aufgepasst hat und mir vorsagen wird (man kennt das aus der Schule). Du willst eine Sekte gründen.

Das sei eine unzulässige Schlussfolgerung, sagt König ernst.

Das Scherzhafte und das Ernste; wieso lacht König erst und ist dann ernst? Ich will das an ihm studieren.

So! rufe ich und blicke auf die Uhr. Nun zurück zur Prüfung!

Ja, eines Skilehrers Farbe hat Bartholdys Gesicht:

Sie haben uns einen großen Dienst erwiesen. Ihre

Umsicht und Ruhe, König, auch Ihre Menschenliebe. Sie sind für den Beruf des Seelsorgers geboren. Was sollen wir Sie da noch prüfen?

Wieder der Flur, der Sonnenstand jetzt etwas anders, aber nicht viel. Keine Stunde hat es gedauert, Zischler abzuliefern, Kaffee zu trinken und wieder zurück zu sein.

Er wolle sein Wissen unter Beweis stellen, sagt König.

Nicht König, nicht! will ich rufen. Doch er ist schon mit Bartholdy im Prüfungszimmer verschwunden.

Wie hatte er ausgesehen, als er hineinging? Wie der alte oder der neue König? Meine Hände zittern, ich bin schweißgebadet.

Dann, ganz plötzlich, öffnet sich die schwere Tür, und König tritt hervor. Bartholdy verabschiedet ihn mit Handschlag. Fetzen einer Gratulationsformel dringen an mein Ohr, wollte ich jemals, dass König durchfällt?

Und Sie, sagt Bartholdy, nichts ist ihm mehr anzumerken vom Entsetzen über das schreckliche Gesicht des Wahnsinns. Können Sie heute Nachmittag kommen? (Keiner kennt die Stunde, auch der Sohn nicht; sondern nur der Vater allein.)

Um zwei, nach der Mittagspause?

Bartholdy, du Schwein, wieso winkst du mich nicht durch, so wie König?

Danke für das Pauken, auch wenn es jetzt nicht nötig gewesen ist, sagt König. Und nun komm zum Mittagessen ins Stift.

Ich mag das Stift nicht, sage ich, diese über hundert Leute, die sich verabredet haben, an Gott zu glauben, je mehr desto besser, hundert Fliegen können sich nicht irren. Die Herde, sage ich, die Gemeinschaft, das ist mir zu billig, und während wir durch die Altstadt schlendern, über den Holzmarkt, dem Stift zu, das unten am Fluss liegt, ist König sehr still, nicht auftrumpfend nach bestandener Prüfung, demütig fast und in Gedanken.

Mir gefällt der Heilige Geist am besten, sage ich, als das Stift schon in Sichtweite ist. Auf Vater und Sohn könne ich gut verzichten, das Anthropomorphe störe mich. Wenn aber etwas wie ein allmächtiges Gespenst sich um einen kümmere, zu einem spreche, dann fühle man sich geehrt, bei aller Angst auch getröstet.

In sich gekehrt schreitet König voran, geradezu priesterlich ist sein Gang, ich bemerke es jetzt wie zum ersten Mal: So wirst auch du als Pfarrer gehen müssen, wenn du gut sein willst in deinem Beruf. Wann hat er so gehen gelernt?

Ich bin gern allein, ich brauche die Herde nicht. Glaubte ich, würde ich Eremit, glaubte ich, würde ich von den Menschen nichts mehr wissen wollen, sondern unersättlich sein im Kontakt mit Gott.

Das Stift liegt im Sonnenlicht, Reflexe blitzen vom Neckar her. An der Pforte sitzt ein Stiftler mit Vollbart und Brille und öffnet das Schiebefenster.

Na, König, wie war's? Nicht durchgerasselt? Doch, sagt König und schlägt die Augen nieder.

Der Pförtner sperrt Mund und Augen auf, hinter

der Brille funkeln Tränen, und nun tritt er heraus, will meinen Freund umarmen.

Nur ein Scherz, ruft König lachend. Doch es ist zu spät, die Umarmung ist schon geschehen.

Der Heilige Geist, denke ich und sehe betreten zu, der wäre mein Mann. Nicht der Vater, nicht der Sohn. Und als ich den Anblick nicht länger ertrage, König in des Bärtigen Armen, drehe ich mich um und mustere die Fassade des neuen Baus, die Uhr und das Glockentürmchen. Zum ersten Mal sehe ich, wie schön sie ist.

23

Wenn die Stiftler im Speisesaal auch nicht mehr nach ihren Leistungen sitzen, wie früher Hegel und Hölderlin, so tragen die Kneonten auf dem Herrentrippel noch immer zuerst das Essen auf.

Vor Jahren habe ich als Gast zum ersten Mal hier gegessen, man füttert die zukünftigen Pfarrer gut. Auch damals hatte König mich mitgebracht, dann sind wir zusammen hier, wie Hegel und Hölderlin. Nie wirst du Hegel sein können, erst recht nicht Hölderlin, dachte ich damals! Ich blickte mich um, blickte in die fröhlichen Gesichter. Nie werdet ihr Hegel sein, nie Hölderlin, nicht einmal Hauff, begreift ihr das nicht?

Ein Student ging zum Krautständer, und während König und die anderen Stiftler das gute Essen genossen, gingen mir die Worte des Beters am Pult ins Ohr, so als steche ein Ohrenarzt mit zu grobem Gerät dort hinein, und mir wurde schwarz vor Augen. Willst du dich nicht bewerben? fragte König in meine Übelkeit, und mein Gesichtsfeld ging wieder auf. Ich schaute in hundert zufriedene, essende Gesichter, gläubig allesamt. Mir aber war, als sei ich ein Kälteloch inmitten eines warmen Tages, und jeder würde es merken: Da ist einer, der nicht glaubt, und er sitzt zwischen uns.

Heute brandet Beifall auf, als König und ich den Speisesaal betreten, alle gratulieren zur bestandenen Prüfung, (ich aber bin ja noch gar nicht geprüft) und als Bartholdy König bemerkt, steht er auf und klatscht auch.

König jedoch winkt ab und stellt seine Kapo-Dose mit schöner Bewegung auf den vorgesehenen Tisch. In diese Dose, hatte er mir damals erklärt, legt man uns das Nachtmahl, die Kaltportion. König, sage ich plötzlich und reiße dem gebratenen Huhn das Bein aus, esse gieriger noch als die anderen die knusprige Haut, König, vielleicht gehe ich doch auf die Alb (sogar mit Maria) und werde Pfarrer in Stetten am kalten Markt, oder sonst einer armen Gemeinde.

Auf dem Herrentrippel erhebt sich Bartholdy, macht zu Fux eine entschuldigende Geste, klopft an seine Uhr.

Es ist Zeit, es ist kurz vor zwei, und ohne mich zu verabschieden, stürze ich hinaus.

Durch die Stadt gehe ich hastig und hätte sie gern zerstört.

Was wissen Sie?
Alles.
Nach der Aufregung des Morgens dürfe ich wählen, worin ich geprüft werden wolle.
Das sei mir egal.
Was hatte ich mir vorgenommen, in die Prüfung hinein zu rufen? Halt! Stehen bleiben, Polizei? Hände hoch, Polizei? Da war Zischler besser gewesen.

Alles freiwillige Scheitern kam mir jetzt sinnlos vor. Ich bestand mit fliegenden Fahnen.

Bartholdy drückte mir zum Abschied die Hand: Ich habe ein Problem mit Ihnen. Sie lieben die Wissenschaft mehr als die Menschen.

Die Prüfung sei gar nichts gewesen, sagte ich, zu leicht, sie habe mich enttäuscht. Da prüfe Gott doch schärfer. Da prüft Gott doch ganz anders als Sie, fügte ich hinzu.

Bartholdy wurde blass unter seiner Bräune. Ja, sagte er, da haben Sie recht. Aber Sie glauben doch?

Mein Studium war zu Ende, die letzte Prüfung lag hinter mir. Ich überlegte, wer sich darüber freuen könnte, an meiner statt, und mich anstecken könnte mit seiner Freude. Ich wollte nicht allein sein mit meiner bestandenen Prüfung. Zu König ins Stift wollte ich nicht. All meine Arbeit mit ihm war nicht nötig gewesen. Zum ersten Mal dachte ich, dass ich nicht länger sein Freund zu sein brauchte.

Unwillkürlich lenkte ich meine Schritte zur Neckarinsel. Hier hatte ich mich von Maria getrennt. Es war ein guter Ort. Ich wollte allein sein mit meinem Schicksal, und wollte es doch nicht. Ich war ans Ufer getreten, zu den Weiden, die Sonne prallte aufs Wasser, junge Leute fuhren auf Kähnen den Fluss entlang und feierten ihre Jugend. Ich fühlte mich heimatlos. Die Euphorie der Vorprüfungszeit war verflogen.

In einem der Kähne stand am Heck, an der Stange, ein junger Mann mit nacktem Oberkörper. Kraftvoll stach er die Stange in den Flussboden und stieß den Nachen vorwärts. Aber sein Körper war weiß und dick, und das Fleisch zitterte bei jeder Bewegung. Es war der Stiftskahn; Stiftlerinnen und Stiftler ließen sich von dem Fettsack staken. Es war König.

Und wenn ich vor der Prüfung gewunken hätte, um mitzufahren, so schämte ich mich jetzt für diesen weißen, fetten Körper, und, nun der Schönere von uns beiden, trat ich hinter ein Gebüsch und versteckte mich.

Meine Zeit mit König war vorbei.

Vielleicht sollte ich die Stadt verlassen, noch vor dem Vikariat. Wenn sich mir jetzt der Eisvogel zeigte, würde ich die Stadt verlassen und ein neues Leben beginnen.

24

Als der Kahn außer Sichtweite war, kam ich aus meinem Versteck. Ich musste dabei mit der Hand an die Tasche meines Jacketts gekommen sein. Die Schlüssel hatten leise geklirrt, und mir war eingefallen, dass ich noch immer den Schlüssel zum Haus meiner Eltern herumtrug.

Meine Eltern waren jetzt in der Apotheke. Ich hätte dort vorbeigehen können und sagen, dass ich meine Prüfung bestanden hatte. Meine Note hätte sie stolz gemacht. Nein, erst wollte ich zum Haus und vielleicht Abschied nehmen von ihm. Die Prüfung erschien mir bereits als viel zu kleine Zäsur, und ich sehnte mich nach einem großen, endgültigen Abschiednehmen, so wie der Tod. Wie man es macht, dachte ich bitter, wenn man jäh die Berufung fühlt, Gottes Stimme hört und mit Seiner Kraft im Rücken alles stehen und liegen lässt. Ich wäre nicht, wie andere, vor dieser Berufung geflohen! Kein großer Fisch hätte mich verschlucken und ausspeien müssen. Und doch, welche Auszeichnung! *Du warfst mich zur Tiefe ins Herz des Meeres, all deine Wogen und Wellen gingen über mich hin … .*

Mit solchen Gedanken war ich über den Stadtfriedhof gegangen, am Hölderlingrab vorbei – Japaner standen dort im Sonnenlicht und legten Blumen nieder – und weiter zur Hohen Steige. Die Worte des Jonas dröhnten in meinem Kopf, während ich stieg, von der Anstrengung sang mir das Blut in den Ohren, und wieder begeisterte mich das Wort, aber weiter, zu seinem Urheber, konnte ich nicht kommen. Vielleicht aber, dachte ich leichthin, will Gott mich prüfen und hat mich gerade deshalb zum Pfarrer auserkoren, weil ich nicht an Ihn glaube. Auch das wäre eine Auszeichnung gewesen.

Das waren Gedanken auf steilen Treppen. Schon als Schüler hatte ich bemerkt, dass man beim Steigen anderes denkt, als wenn der Weg über flaches Gelände führt. Ich war oben an der Treppe angekommen. Die Prüfung hatte mich nicht verändert, ich war nicht durch ein Tor gegangen und als ein anderer wieder hervorgetreten. Meine ungeheuren Erwartungen, meine Sehnsucht nach schlagartiger Veränderung waren enttäuscht. Der Übergang vom Jüngling zum Mann, auf den ich immer noch wartete – nichts hatte das bestandene Examen dazu beigetragen.

Ich ging die flache Straße entlang und sah bald unser Haus.

Eine Nachbarin grüßte mich, als ich den Schlüssel ins Schloss steckte, und als er nicht gleich fasste, blieb sie in ihrem Vorgarten stehen und sah mir zu. Endlich gelang es mir, die Tür zu öffnen.

Ich bin wieder da. Ich hab mein Examen bestanden!

Meine Stimme klang kräftig, und ich rief noch

einmal, tiefer, lauter, zuversichtlicher jetzt: Ich bin wieder da, ich hab mein Examen bestanden.

Ja, das war eine Pastorenstimme, die den Verzagten, den Verzweifelten, den Zukurzgekommenen Mut machen konnte.

Das Haus war leer, niemand hörte mich, und ich rief ein drittes Mal. Irgendwann würde ich dieses Haus einmal erben. Ich trat ins Wohnzimmer und betrachtete die schönen Möbel. Durch die Fenster fiel Sonne in den Raum, und ich setzte mich in den Sessel, in dem mein Vater sonst sitzt, und blickte in den Garten. Hier hatte er gesessen und mich sagen hören, dass ich Theologie studieren und Pfarrer werden wolle. Unglauben hatte sich auf seinem hässlichen Gesicht gezeigt, dann Empörung. Plötzlich aber stand mir Königs feister Oberkörper wieder vor Augen, und dann Bartholdy, und dann die Rehe, wie sie den wahnsinnigen Zischler betrachtet hatten. Als ich die Bilder zusammenzählte, begriff ich, dass ich vertrieben worden war. Vertrieben aus der seltsamen Zeit vor der Prüfung.

Von irgendwoher war ein schwaches Weinen zu hören, dann ein Seufzen. Ohne zu überlegen, ging ich den Geräuschen nach.

Die Tür zum Elternschlafzimmer stand offen. Auf dem Doppelbett lag, halb im Schatten, halb in der Nachmittagssonne, eine weinende Frau. Sie trug einen Morgenmantel, hatte ihn aber nicht ordentlich angezogen. Sie hat, dachte ich, mein Rufen und meine Schritte nicht gehört: Du kannst leise nach unten gehen, leise das Haus verlassen.

Was hast du? fragte ich.

Sie erschrak und zog den Mantel über ihre Brust, aber langsam, nachlässig, als sei es nicht mehr wichtig.

Ich habe Angst. Ich habe solche Angst. Sie wollte nicht weinen und weinte doch.

Ich nahm ihre Hand und zog sie vom Bett hoch, als sei sie irgendeine Frau, ich richtete sie auf und drückte sie an mich. Sie kannte solche Zärtlichkeit nicht von mir.

Lass uns beten, sagte ich, meine Stimme schwankend zwischen Unsicherheit und Befehl.

Aber ich glaube nicht, Johannes.

Die Scham brannte in mir wie Feuer.

Lass uns trotzdem beten. Bitte einfach um Gesundheit.

Ich presste ihre Hand, um meinen Worten Nachdruck zu ver leihen.

Vater und ich, wir sind Atheisten. Ich drückte ihre Hand.

Das ist Gott egal, sagte ich. Herr, mach diese Frau wieder gesund. Komm, sprich mir nach. Auch wenn du nicht glaubst, es ist gut gegen Angst.

Herr, mach mich wieder gesund.

Ihre Hand wollte sich meiner nun nicht mehr entziehen, ich sah im Spiegel, wie ihre Lippen sich bewegten – ich aber, der ich stolz war und mich schämte, bewegte die Lippen wie sie.

Endlich löste ich unsere Hände.

Wir können das wieder machen, sagte sie. Meine nächste Untersuchung ist in zehn Tagen. Du kannst aber schon vorher kommen, und wir können das wieder tun.

Die Sonne war gewandert während des kurzen Gebets, das Zimmer lag jetzt im Schatten. *Angesichts eines persönlichen Gottes quaquaquaqua ...* Das war immer meine Lieblingsstelle im Godot gewesen.

Ach, du hattest heute Examen! Wie ist es gewesen? Sie nahm wieder meine Hand.

Gut, antwortete ich. Nun aber müsse ich in die Südstadt, zu meiner Geliebten.

Ihre Hand war schweißnass, und ich wischte meine Hand, die ihre gehalten hatte, am Examensanzug ab. Aber auch meine andere Hand war feucht, und so war vielleicht ich es gewesen, dessen Hände geschwitzt hatten.

Sie lächelte. Stell sie uns einmal vor.

Sie wird euch nicht gefallen. Sie ist eine Witwe, sagte ich, gerissen und geil. Sie wollte, dass ich durch die Prüfung falle.

Meine Mutter aber, wie verwandelt, lachte über meine Worte und hielt sie für Spaß.

Du wirst ein guter Pfarrer werden. Sag Vater nichts.

Ich nickte. Ich war gehobener Stimmung wegen meines Betrugs. Du sollst den Namen Gottes, deines Herrn, nicht vergeblich führen.

Auf dem Gang in die Südstadt fiel mir das Wort

„Freitod" ein. Dann aber, um es loszuwerden, es zu bekämpfen, sprach ich immer wieder einen Satz vor mich hin: Wenn du nur glaubst, wird deine Lüge Wahrheit.

25

Ich habe danach nicht mehr viel gemacht im Leben. So kommt es mir heute, nach zwanzig Jahren, vor. Jenes Gefühl der Allmacht, wo man mit allem einverstanden ist und schon die Existenz an sich ist ein Rausch – jenen Zustand habe ich nie mehr erreicht.

Zwei Dinge möchte ich nachtragen.

Während andere nach ihren Abschlussexamen die Welt bereisten, blieb ich noch eine Weile in der Südstadt. Die Witwe sprach vom Heiraten, und ich war zu gleichgültig, vielleicht auch zu glücklich, um mich von ihr zu trennen. Wiederholt besuchte ich zu dieser Zeit meine Mutter. Ich rief sie an, ob es ginge, dass wir uns träfen, so, dass mein Vater nichts davon merkte; und wir trafen uns und beteten dann. Auch vor der Österreicherin hielt ich diese Treffen geheim. Doch die Heimlichtuerei blieb ihr nicht verborgen, und sie bezichtigte mich, ihr untreu zu sein. Unschöne Szenen spielten sich ab, die ich hätte vermeiden können, hätte ich ihr die Wahrheit gesagt. Doch das wollte ich nicht.

Zu dieser Zeit begann meine Mutter zu glauben; ja, sie konnte nicht genug von unseren Gebeten bekommen. Und wirklich wurden ihre Werte besser. Niemand sprach von einem Wunder, am wenigsten ihre Ärzte; nur sie und ich redeten darüber und nur zwischen uns. Dein Glaube hat mich gerettet, sagte sie dann. Mir aber war, als hätte ich Inzest begangen.

Später, als sich ihr Zustand dauerhaft gebessert hatte, war ich an einem Wintertag bei ihr. Ich hatte ihre Hand genommen wie immer, als sie meine Hand plötzlich losließ. Ich solle ihr nicht böse sein, sie könne das nicht mehr. So undankbar es sei, sie habe mit der Rückgewinnung ihrer Gesundheit den Glauben wieder verloren. Es wäre Lüge, noch länger mit mir zu beten. Trotzdem danke sie mir für alles. Wir gingen ins Wohnzimmer und tranken Tee. Draußen im Garten lag Schnee, die Sonne schien.

Wenn man hinaussah, erblickte man ein überhelles Licht. Ich war froh, dass sie gesund war, und doch verletzt und enttäuscht. Auf ihre Frage nach meinem Diakonat gab ich einsilbig Antwort. Ach, sagte sie zum Abschied, es sei ein Brief für mich gekommen, von der Universität, ich hätte wohl meine neue Adresse nicht angegeben.

Ich öffnete ihn sofort, vor meiner Mutter. Ich müsse meine Prüfung wiederholen, hieß es darin. Einer der Prüfer sei nicht prüfungsberechtigt gewesen.

Jahrelang waren Fux und Bartholdy uns als Freunde erschienen. Nun hatte Fux ihn als Hochstapler entlarvt. Und es war im Nachhinein allen, die davon hörten, völlig unverständlich, wie Bartholdy es fertig gebracht hatte, so lange Zeit als Theologieprofessor aufzutreten. Und noch mehr wurde über die Theologische Fakultät gelacht, als sich herausstellte, dass Bartholdy, ein einfacher Postbote, eine einschlägige Vorgeschichte hatte: Kurz nach der Wende war er unter dem Namen Dr. Dr. Schneewein in den Osten gereist, hatte mit gefälschten Unterlagen eine Kurklinik als Chefarzt übernommen und sie zwei Jahre lang geleitet.

König habe ich nach dem Examen noch zweimal gesehen.

Das erste Mal gingen wir über die Neckarbrücke. Er ging auf der anderen Straßenseite und sah mich nicht; nur ich ihn. Er bog in die Altstadt ab. Ich ging weiter, ohne mich bemerkbar zu machen, die Mühlstraße hinauf.

Das zweite Mal war im Dekanat. Wir mussten unsere Prüfung wiederholen. Er war vor mir dran, ich hatte es auf einem Aushang im Treppenhaus gesehen. Ich überlegte, was wir uns zu sagen hätten, wenn wir uns jetzt träfen. Wie damals saß ich auf der Bank und wartete. Doch die Prüfung bedeutete mir nichts mehr. Als er endlich aus dem Prüfungszimmer kam, war er ernst. Dann sah er mich, trat zu mir und

lächelte: Ach, der Weißweintrinker! Er gab mir die Hand und wünschte mir Glück.
    Ich stand auf und ging hinein.
    Man bat mich, Platz zu nehmen. Den kurzen Bemerkungen der Prüfer, bevor ich mich setzte, entnahm ich, dass König durchgefallen war.
    Ich selbst bestand mit Auszeichnung.

# Teil II

26

Ich glaube, mein Leben hat sich heute völlig verändert. Aber bin ich mit vierzig noch jung genug dafür? Wenn etwas so übermächtig ins Leben tritt, ist es egal, wie alt man ist.

Als ich zur Arbeit ging, hatten Kinder vor der Grundschule mir „Votze" nachgerufen. Sie riefen es mit feinen, hohen Stimmen, zwitschernd wie Vögel. Ich hatte so etwas hier auf der Alb nicht erwartet, eher in Berlin, wo ich als Lehrerin gearbeitet habe. Melodisch hörte es sich an. Das hässliche Wort klang fast schön aus ihren Mündern. Ich drehte mich um, wollte eines dieser Sechs- oder Siebenjährigen fangen und zur Rede stellen. Doch ich war spät dran und ging weiter.

Ich war etwas traurig und schämte mich für die Mädchen. Dann begann ich daran zu denken, ob diese Rufe nicht ein geheimes Zeichen wären, das mich an meine Schuld erinnern sollte. Aber welche Schuld?

Der Drogeriemarkt kam in Sicht, die aufdringlich grüne Fassade. „Schlotzen Drogeriemarkt", auch für diesen Namen schäme ich mich und dass ich dort arbeite, in einem Geschäft mit diesem Namen. Die Gesichter der Schlotzen-Erben, aufgeschwemmt und dumm, grinsen einen aus den Illustrierten an. In St. Tropez sind sie dann, auf den Malediven, den Arm um eine halbnackte Schönheit gelegt.

Mit diesem Gedanken öffnete ich die Tür.

Was weinen Sie? fuhr der Geschäftsführer mich an. Was weinst du, Marion?

Gülcan an der zweiten Kasse lehnte sich zu mir herüber, wollte meine Hand streicheln, aber der Abstand zwischen den beiden Kassen ist groß, und sie nahm ihre eigene Hand und streichelte sie.

So begann dieser Tag, und sollte sich doch so herrlich vollenden!

Ich steckte eine neue Papierrolle in die Kasse und wartete auf Kunden. Als niemand erschien, ging ich und räumte ein.

Gülcan hat bunte, künstliche Fingernägel und räumt damit nicht gerne; ich aber räume lieber, ich will nichts zu tun haben mit den Kunden. So ergänzen wir uns. Aber wenn sie beten muss, mache ich die Kasse für sie. Sie geht ins Lager dazu und es dauert nicht lang. Herr Peitsch darf nichts davon wissen, wir sind dann Verschwörer. Als Verschwörerin fällt es mir leichter, an der Kasse mit Kunden zu plaudern, zu lächeln. Aber wenn Gülcan vom Beten zurückkommt, ist die Verschwörung zu Ende, und ich denke bei jedem Kunden: Ach Fallada, da du hangest! Oh du Jungfer Königin, da du gangest. Wenn das deine Mutter wüsste, dass du im Schlotzen-Markt sitzt, das Herz tät ihr zerspringen! Meine Mutter aber ist tot, ihr Herz zersprungen, ohne dass sie wusste von mir und dem Schlotzen-Markt.

Ich war aus Berlin zurückgekommen, um sie zu pflegen, und alle Nachbarn grüßten mich, fragten, wie es ihr ginge und wie es so sei in Berlin. Keiner ahnte (und ich selbst auch nicht), dass ich für immer zurückgekommen war. Geschlagen auf dem Schlachtfeld des Lebens, so kehrte ich aus Berlin zurück. Ich, die Kinder liebte, die immer als Lehrerin durchs Leben gehen wollte … Das sind die Gedanken, die ich bekämpfen soll, in die man sich einspinnt, sich einspinnt darin wie in einen Kokon. Bis man vergisst, sich zu verpuppen. „Ach Fallada, da du hangest!" ist so ein Gedanke. Ich stolze Lehrerin bin zerbrochen an der Dummheit der Kinder! Man hat mich vom Dienst suspendiert in Berlin. Als Lehrerin darf ich nicht mehr arbeiten.

Um elf fährt Peitsch zur anderen Filiale. Und als wir ihm nachsehen durch die Glastür, ein noch junger Mann, trotz der beginnenden Glatze und des seltsamen, unbeholfenen Gangs denke ich: Peitsch, Peitsch! Welcher Frau sollst du einmal gefallen? Peitsch, du müsstest dich völlig verändern!

Gülcan aber hat zu weinen begonnen, kaum, dass er aus der Tür ist.

Ihre Nägel sind heute länger als sonst, und sie sind rot und weiß gestreift; und ich muss an eine Zahnpasta denken, die wir führen: rot und weiß gestreift kommt sie aus der Tube. Aber da ist noch etwas Blaues mit weißen Sternen drauf, und nun sehe ich, auf jedem Fingernagel prangen die Stars and Stripes, die amerikanische Flagge.

Jetzt weinst du ja auch! rufe ich. Wer wird denn weinen, wenn man so schöne Nägel hat!

Und sie zeigt mir stolz ihre Nägel und lächelt durch die Tränen, oh Fallada, da du hangest, nein! nein! und ich nehme ihre Hand und bewundere die US-Fahnen auf den Nägeln. Sind nicht die USA und die Türkei verfeindet in letzter Zeit?

Sie werde bald heiraten und müsse zum Arzt, und sie will mir noch mehr erzählen, aber ein Kunde hat den Laden betreten und sie lächelt ihn an, so wie sie es gelernt hat in unserer Schulung.

Ich habe mich bereits weggedreht, als die Glocke ertönt, bin nach hinten gegangen und räume. Ich soll an etwas Schönes denken, wenn schwarze Gedanken kommen. Denk nicht an die Scheidung, nicht an die Dummheit der Kinder, nicht an die Dummheit der Menschen, nicht an den Pferdekopf! Pfeifend atme ich aus und ein und fülle das Fach mit der Zahnseide auf. Denk nicht an Bretten, wo du bist, und nicht an Berlin, wo du warst, und nicht an das Vergehen der Zeit! Aber als ich an eine Nacht in Berlin denke, die schönste meines Lebens, werde ich traurig und beiße mir in die Hand, um nicht laut zu schreien.

Rasierklingen?

Rasierklingen zweiter Gang links.

Ich kann an Gülcans Stimme erkennen, was für einen Kunden sie hat, selbst wenn ich ihn nicht sehe; und nun, wo ich die Dentalbürstchen an den Ständer hänge, erst die gröberen für große Zahnzwischenräume, dann immer dünnere, feinere, bei denen ich nicht weiß, wer solche Zwischenräume überhaupt hat, denke ich: Mann, vierzig, schlank, gepflegt. Denn darauf legt Gülcan großen Wert: Er muss nicht unbedingt jung sein, aber gepflegt, und ich weiß, der Bräutigam, den man ihr ausgesucht hat, ist jünger als sie und wäscht sich nicht, und wenn ein junger türkischer Mann den Laden betritt und hat eine laute Stimme, feixt und lacht, frage ich hinterher: Ungefähr so? Aber sie schüttelt traurig den Kopf: Viel schlimmer. Er wäscht sich nicht und will mein Herr sein.

Gülcans Stimme: Ich kann sie Ihnen bringen, wenn Sie wollen! Gilette?

Strahlend kommt sie in meinen Gang gelaufen, holt die Rasierklingen aus dem gesicherten Regal, mich aber übersieht sie, sieht nicht, wie ich kniee, den Karton mit der Mundspülung vor mir. Sie läuft sogar! Läuft zurück zu ihrem Kunden, so als werde der sie erlösen.

Das ist nett, sagt die andere Stimme, eine geübte Stimme, ich finde die Dinge immer schwer.

Die Dinge? Was ist denn das für einer! Hier gibt es keine Dinge, nur Waren. Nur die allergemeinsten Waren.

Das kurze Glucksen der Kasse, als Gülcan die Ware durchzieht. Gleich ist er weg, und wir sind allein. Am liebsten wäre mir, es käme gar niemand hierher.

Irgendetwas bringt mich dazu, auf die Uhr zu sehen. Es ist zehn nach elf. Warum wollte ich das festhalten, was war um zehn nach elf? Doch wie immer nichts!

Aber als die Stimme Gülcan einen guten Tag wünscht, weiß ich es auf einmal, und ich springe auf mit knackenden Gelenken und laufe zu den Kassen.

Wer war das? Wer war das? schreie ich Gülcan an.

Sie aber lächelt dem Mann hinterher, der längst auf der Straße ist, und ich sehe ihn nur noch von hinten. Die schöne Bewegung, mit der er ins Auto steigt! Um zehn nach elf war ich nicht an der Kasse und habe den Mann nicht gesehen. Und Enttäuschung weht mich an wie ein böser Hauch, und ich denke Gedanken, die ich nicht denken soll. Wäre ich nur an der Kasse gewesen, wir wären uns in die Arme gefallen, wir hätten uns wieder geliebt.

Wer war das? Wer war das?

Er hatte so einen komischen Kragen.

Gülcan wird rot, als sie das sagt, und ich begreife, in Gedanken hat sie schon Unzucht getrieben mit ihm. Ich muss lächeln über dieses Wort.

War er schon einmal hier?

Sie schüttelt den Kopf, die schwarzen Locken fliegen. Aber warum brüllst du mich an, Marion?

Ach, kurz dachte ich, ich kenne ihn aus Berlin. Erzähl, erzähl!

Gülcan ist wie ein Kind, und muss sich doch ihr Jungfernhäutchen reparieren lassen, bevor es zur Hochzeit mit dem Grobian kommt.

Vor zwanzig Jahren gab es eine Gruppe junger Männer in Berlin. Sie sahen gut aus. Sie waren elegant.

Sie nannten sich – ich weiß es nicht mehr. Sie waren Dandys.

Wie, Dandys? Gülcan kennt diesen Ausdruck nicht.

Und haben den Leuten Streiche gespielt.

Streiche? Wie, Streiche? Sie versteht mich nicht.

Als ich den Mann eben sah, dachte ich, es sei einer von denen.

Hattest du was mit ihm? Mit so einem tollen Mann?

Nicht so, wie du denkst.

Aber Gülcan lacht wissend und kratzt sich den Bauch. Sie hat ein Bäuchlein. Ich aber bin schlank; fast dürr. Es ist so: Früher war ich schlank, nun bin ich dürr.

Bin ich dürr, Gülcan?

Dürr? Was meinst du, dürr?

Wir haben Mai, und es regnet. Es regnet hier oft. Aber es regnet fein, so wie die Zeit. So wie die Sekunden fallen, unhörbar und fein, so fällt der Regen. Kunden kommen herein, und wir sprechen nicht weiter. Doch es sind keine Kunden, nur Leute, die sich unterstellen wollen, und kaufen Pfefferminzpastillen für dreißig Cent. Und während ich beobachte, ob sie nicht stehlen, die alte Frau, das junge Paar, kommt wieder Hoffnung über mich wie ein Glück. Selbst uns Schlotzen-Frauen steht Hoffnung zu.

Mittags esse ich die Brote, die ich in der kleinen Küche im Haus meiner Mutter vorbereitet habe. Gülcan jedoch geht zum Imbiss, die Straße hinunter, sie will etwas Warmes essen an dem verregneten Tag.

Peitsch kommt erst wieder um zwei. Er wird sich nicht freuen über unseren Umsatz.

Ich bin allein und träume. Erst ist es die Erinnerung an die Nacht vor vielen Jahren, denn ich habe Gülcan angelogen: ja, wir hatten etwas miteinander für eine Nacht. Dann aber kommt, was ich haben will: Dass der Mann zur Tür herein kommt und denkt: Wer sitzt denn da an der Kasse? Diese Schlotzen-Frauen sind wirklich das Letzte! Und er geht in den zweiten Gang, den ich nicht einsehen kann, und stiehlt. Ein Mann von Welt, der das nicht nötig hat, und stiehlt. Ich aber sehe ihn doch. Und ich trete zu ihm, als er die Rasierklingen eingesteckt hat, und spreche ihn an, leise, mit zärtlicher Stimme. Nun bist du mein. Du hast gestohlen, und nun bist du mein. Ich werde dich nicht melden, ich verzeihe dir, aber dafür bist du mein!

Wie gut mir auf einmal die Brote schmecken, die ich sonst nicht essen mag.

Für eine Nacht ist er dann mein Sklave, oder wir heiraten und werden Kinder haben – ich kann mich nicht entscheiden. Und er zieht ein in mein kleines Haus, und die Nachbarn grüßen mich wieder, wer solch einen Mann hat, der wird gegrüßt, selbst wenn man als Frau geschlagen wurde auf dem Schlachtfeld des Lebens und vom Dienst suspendiert und nicht mehr Lehrerin ist. Ja, ich lache an gegen diesen Gedanken, gewappnet mit Glaube und Hoffnung.

Diesem Mann zuliebe werde ich wieder schlank sein. Alles kann man erreichen, wenn man die Welt des Willens beherrscht. (Was bedeutet da schon das Dach meines Hauses, das undicht ist, und das zu flicken ich nicht das Geld habe.)

Ich muss über meinen Träumereien die Glocke überhört haben, denn plötzlich steht ein Mann neben mir, und ich denke an Überfall.
Es sind doch die falschen. Die falschen Klingen.
Ich höre die Stimme, sie ist anders als früher. Nicht mehr jugendlich frech, nicht mehr voll Zuversicht, wie sie ein Dandy hat. Dicker ist die Stimme geworden, sicherer, tröstender. Nicht mehr die Stimme, die sagt: Dies ist nur ein One-Night-Stand, das weißt du?
Welche brauchen Sie?
Hans, weißt du noch? Aber ich denke das nur. Und, als ich gehe, die richtigen, die Turbo Mach Drei zu holen, fällt mir ein, wie sie sich nannten.
Schrecklich, der Regen, sage ich, den Kopf gesenkt.
Ja, er ist es! Mich aber hat eine Scham gepackt und schnürt mir die Kehle zu.
Vielen Dank.
Er legt mir die falschen Klingen hin und steckt die richtigen ein.
 Vielen Dank, und er ist hinaus. Sein Gang wird im Regen jünger.
Schlotzen-Weib, wie kannst du es wagen, zu hoffen!

Am Abend summte ich plötzlich. Dann pfiff ich laut vor mich hin in dem leeren Haus. Alles würde gut. Mein Leben hatte sich heute verändert. Ich machte eine Flasche Rotwein auf. Es war die letzte, noch vom Geburtstag von Mama. Warum bist du denn nicht mehr Lehrerin? Ich erzähl es dir, Mama, doch jetzt musst du schlafen. Alles wird gut. Die Weißweintrinker. Weißweintrinker hatten sie sich genannt.

Ich sang und trank. Und, wenn ich schwieg, hörte ich den Regen auf dem undichten Dach, das jetzt mir gehört.

27

Das letzte Mal war ich zu Mamas Beerdigung in der Kirche. Der alte Pastor hatte den Gottesdienst gehalten. Es sei sein letzter Auftritt vor der Gemeinde, dann sei er im Ruhestand. Er hatte sich die Hände gerieben bei dieser Bemerkung. Seine Rede über Mama war konfus gewesen, all die Dinge, die ich ihm über sie erzählt hatte, hatte er vergessen oder verwechselt. Meine Mutter und auch ich wieder nach meiner Scheidung heißen mit Nachnamen Melzian. Einmal hatte er sich versprochen und sie Pavian genannt.

Es war Sonntag. Ich gehe sonst nicht in die Kirche. Was soll ich dort? Ich glaube nicht an Gott. Aber ich war meines immer gleichen Sonntagsspaziergangs müde, zum Wäldchen und wieder zurück, die Wege waren aufgeweicht nach dem häufigen Regen.

Die Sonne zeigte sich, ein blasser etwas nebliger Maientag würde es werden.

Nun gehst du also zur Kirche. Ich lachte, als ich mein altes Sonntagskleid aus dem Schrank nahm. Es passte mir noch, und als ich in den Spiegel schaute, fand ich, dass es meine dürre Figur kaschierte, ja, im Spiegel kam ich mir kaum noch dürr vor, du hast ja heute auch drei Scheiben Brot zum Frühstück gegessen. Gierig, mit einem Heißhunger, wie ihn nur die Hoffnung verleiht, so hatte ich sie verschlungen.

In einem Schrank fand ich die passenden Schuhe. Nichts hat meine Mutter je wegwerfen können.

Ich sah erneut in den Spiegel. Wie eine Sechzehnjährige sah ich aus. Oder eine hübsche Nonne.

Die Glocken läuteten und ich ging schneller. Die Kirche, ein grauer, hässlicher Kasten aus den Gründerjahren mit einem viel zu hohen, viel zu großen Turm lag am Markt, und so musste ich nicht an den Häusern der Nachbarn vorbei.

Die Kirche war nur zu einem Viertel gefüllt. Die Orgel brauste auf. Ich setzte mich weit nach hinten, weit weg vom Altar, um nicht alles zu sehen: nicht die alten Frauen, nicht das Gesicht des Pfarrers. Und, als die Orgel verstummte, der Pastor die Gemeinde mit sicherer Stimme begrüßte, die Gemeinde ein Lied anstimmte, ein Lied, das ich aus der Kindheit kannte, vom altbösen Feind, und ich mich mitsummen hörte, kam eine Ruhe über mich, die Ruhe, die ich erst jetzt in der Kirche gefunden habe. Wer braucht Liebe, wenn er Ruhe gefunden hat?

Es ist die Stimme, die das damals gesagt hat, das von der einen Nacht, nach der es nicht weitergeht. Und doch bin ich nicht ganz sicher. Denn diese Stimme jetzt ist keine Dandy-Stimme, nicht flüchtig, leise und schnell; sondern geschult, langsam, ein Singsang: Dass es sich begab auf einen Tag, da die Kinder Gottes kamen, um vor den Herrn zu treten, und unter ihnen kam auch der Satan ...

Was war das? Ich kannte es nicht oder hatte es doch vergessen.

Wo kommst du her? Der Satan antwortete und sprach:

Vom Durchschweifen der Erde, vom Umherwandeln auf ihr. Und er wettet mit Gott: *Was gilt's, dass dir dein Knecht dann nicht ins Angesicht flucht!*

Und meine Ruhe ist dahin: Wie kann man jemanden zum Quälen freigeben, der nichts getan hat, wie Hiob, um einer Wette willen? Fast wäre ich aufgesprungen und hätte protestiert. Aber ein Schlotzen-Weib und empört sich wegen Hiob gegen Gott? Und ich lächle und werde ruhig, und ich atme langsam und werde ruhig. Dann singen sie wieder, dann beten sie, dann segnet sie der Pfarrer, und die Glocken läuten.

Ja, es ist schön, selbst meine Empörung über diese Wette.

Wie hat mich das aufgewühlt.

Erst, als es zu spät ist, springe ich auf und laufe dem Ausgang zu. Längst steht der Pfarrer dort, um die wenigen, die gekommen sind, zu verabschieden. Ich hätte längst fort sein sollen, ich darf nicht an ihm vorbei und ihm in die Augen sehen. Geh einfach hinaus und grüß ihn nicht, sage ich mir, schlag die Augen nieder und sieh ihn nicht an. Dräng dich vorbei an ihm und der uralten Frau, mit der er jetzt spricht, und er hat ihre uralte Affenpfote genommen, gesprenkelt von Altersflecken, mit seinen beiden Hände hält er sie, bewegt sie vorsichtig auf und nieder, während er freundliche, tröstende Worte spricht in das alte Gesicht mit den roten, triefenden Augen, und sicher vom Tod spricht, dem die Auferstehung folgen wird, und das Paradies, und das ewige Leben. Und die Alte schlürft seine Worte ein und lächelt, und geht nicht fort und steht mir im Weg. Und ich habe mich angelogen: Nur seinetwegen bin ich hergekommen.

Darf ich bitte durch. Ich habe zuhaus etwas auf dem Herd.

So flüssig kommen mir die Lügen über die Lippen.

Ach, ein neues Gesicht.

Er ließ die Affenpfote los und griff nach meiner Hand.

Innerlich musste ich lachen, weil er so tat, als kenne er mich nicht. Gut, denke ich, du willst mich nicht erkennen. Und vielleicht gleich, wenn die alte Frau außer Hörweite ist, werde ich zu ihrem Tröster sagen: Hans, wir haben uns einmal erkannt.

Seine Hand ist kühl und stark, kälter als meine, und sein Gesicht hat zugenommen, ja, er ist nicht mehr jung. Aber unserer Liebe wird das keinen Abbruch tun.

Ja, antworte ich, dumm und verlegen und womöglich noch rot geworden, ein neues Gesicht. Tief drinnen in mir aber bin ich ganz ruhig, ganz souverän. Denn ich brauche ja nur das eine Wort, das Wort „Weißweintrinker" zu sagen, und wir wissen wieder, wozu wir bestimmt sind, und fallen uns in die Arme. Ja, vielleicht sogar hier in der Kirche, sie ist ja leer bis auf uns.

Was haben Sie denn auf dem Herd? fragt er lächelnd, und im Halbdunkel der Kirche sehe ich es nicht genau: Aber hat er nicht eben gezwinkert, mir zugezwinkert?

Eine Gans, sage ich, unglücklich nun über unser Spiel, fast den Tränen nahe. Seit Jahren habe ich keine Gans mehr gegessen. Erkennst du mich denn nicht? will ich rufen.

Ist Gott nicht zu grausam zu Hiob? sage ich stattdessen.

Ich sehe prüfend in sein Gesicht, und sehe dort – ganz deutlich – ja, das glaubt er auch. Wir beide glauben das.

Er predige zu oft über Hiob, sagt Hans und lacht. Gemeindemitglieder hätten sich beschwert, anonym; sie wollten nicht immer von Hiob hören. Er aber werde weitermachen damit, weil es sein Lieblingsbuch sei und seine Lieblingsstelle Hiob 9.12:

Wer kann zu Gott sagen, was tust du da? Ob das nicht schön sei, und schrecklich? Er lauscht ihm nach, diesem Satz, und sein Gesicht wird schön. Und seine Hand wird warm in meiner, als er das sagt.

Ja, das sei schön, antworte ich. Wir beide verstünden das, und das sei das Wichtigste, auch wenn andere in seiner Gemeinde es nicht verstünden.

Die besten Gänse habe er übrigens früher im Tübinger Stift gegessen. In seiner Studienzeit.

Ich will seine Hand nehmen. Aber er hat ja meine bereits genommen. Und als er sie auf- und abbewegt, wie eben bei der alten Frau, bin ich verletzt, dass er es bei mir nicht anders macht. Er erkennt mich nicht, er erkennt mich nicht mehr!

Er ließ meine Hand los und blickte nach draußen in die Helligkeit. Ein frommes Gesicht hatte er jetzt. Irgendwann musst du dich zu erkennen geben, auch wenn du dir damit wehtust.

Sie haben sehr schön gepredigt.

Habe ich wenigstens einen Fan! antwortete er lächelnd. Ja, das war sein Lächeln.

Für diese Schmeichelei lade ich Sie zum Kaffee ein, kommen Sie, meine Frau wird sich freuen.

Er schlug sich vor die Stirn.

Aber das geht ja nicht, wegen der Gans. So wird die Lüge bestraft.

Vielleicht ein andermal?

Ja. Er lässt meine Hand los. Warum nicht?

Er will gehen, er will gehen! Ich muss jetzt nach seiner Hand greifen und ihn hierbehalten!

Ach, rufe ich, soll die Gans doch verbrennen! Und das ganze Haus dazu, und das undichte Dach. Aber das letzte denke ich nur.

Soll die Gans doch verbrennen? Ist denn sonst niemand zuhause bei Ihnen?

Meine Mutter ist gestorben, sage ich.

Das tue ihm leid. Aber eine ganze Gans für eine Person? Er mustert mich.

Ich lächle nur, drehe mich um, stürze zur Kirchentür hinaus und bin überglücklich. Ganz leicht, ganz spielerisch muss ich mich ihm wieder nähern.

In Weißweintrinkermanier.

28

Am Montagmorgen schien die Sonne, als ich auf dem Weg zur Arbeit an der Schule vorüberkam. Ich ging nicht auf der anderen Straßenseite wie sonst; sondern mitten durch die Bande der kleinen Mädchen. Hätte ich nur ein Wort gesagt, jede meiner Anordnungen hätten sie sofort befolgt. Denn Glück ist eine große Macht, und Glücklichsein ein starker Panzer.

Ich war als erste im Laden, noch bevor geöffnet wurde. Pfeifend zog ich den verhassten Kittel an. Heute konnte er mir nichts anhaben. Es war eine Probe: Der hässliche Kittel, wer war er schon? Ich strafte ihn mit Verachtung und dachte an den gestrigen Sonntag.

Und vielleicht stimmt es, was man uns bei einer Schulung gesagt hat: Dass wir Verkäuferinnen es in der Hand haben, wie viele Kunden den Laden betreten, dass wir mit guter Laune, „mit dem Ausstrahlen von Glückshormonen", so hatte der Trainer gesagt, sie in die Geschäfte locken können. Auch Peitsch war bei dieser Schulung. Und deswegen mag er es nicht, wenn wir weinen, und sagt, dass unser Unglück, Gülcans und meines, schuld sei, dass die Leute aus der neuen Eigenheimsiedlung nicht zu uns kommen, und daher unsere Filiale womöglich geschlossen wird.

Mich macht diese neue Siedlung, die an unsere hässlicheren Häuser anstößt, beklommen, und wenn ich dort hingerate, denke ich oft: Dort, Marion, wohnen die Lehrerinnen, ihre Kinder spielen im Garten. Keiner dort schafft in der Handtuchfabrik, und erst recht nicht im Schlotzen-Markt. Manchmal formuliere ich diesen Gedanken aber auch anders, zum Spaß: Dies ist die Siedlung der glücklichen Lehrerinnen, denke ich dann, merk dir das!

Es ist fünf vor Neun, und es klopft an die Scheibe der noch verschlossenen Tür. Vier, fünf Leute stehen davor: Siedlungsbewohner, kein Zweifel.

Und ich gehe hin, statt mich zu verstecken, statt einzuräumen, gehe hin und öffne noch vor der Öffnungszeit. So wirkt Glück, denke ich, und der Schulungsleiter, der widerliche Kerl, steigt im Nachhinein in meiner Wertschätzung. Gestern, am Sonntagabend, habe ich mich übrigens nach sehr langer Zeit wieder selbst befriedigt. Ich mache das sonst nicht, nur kurz nach meiner Scheidung habe ich es ein paar Mal getan, aus Trotz. Aber, dachte ich gestern, es ist ja ein Versprechen, ein Vorgriff auf die Zukunft. Es ging schnell, fast sofort, und ich spürte keine Scham, keine Reue danach wie früher.

Kommen Sie herein, sage ich lächelnd und mache eine übertriebene Handbewegung, als wollte ich ihnen auf ironische Art verraten, dass ich sie hereinlocken soll. Sie lächeln zurück und grüßen. Ja, sie sind aus der neuen Siedlung, einen oder zwei von ihnen kenne ich vom Sehen.

Nur hereinspaziert, wiederhole ich, wir führen die schönsten Waren!

Sie mustern mich und lachen.

Ich aber setze mich an meine Kasse und denke an seine blonden Hände, feine Haare wie Gold wachsen darauf, und wie schön es sein wird, wenn er mich damit berührt.

Während ich die Waren durchziehe, mit den Kunden scherzend, ist Peitsch erschienen, und ich sehe aus den Augenwinkeln, wie er in der Tür stehen bleibt, die Kunden betrachtet und die Stirn runzelt. Und als er näher tritt, flüstere ich ihm zu, aber mit einem lauten Theaterflüstern, damit die Kundinnen es auch hören und habe sogar die flache Hand seitlich an meinen Mund gelegt: Die Kundinnen aus der Siedlung sind endlich da, Herr Peitsch!

Sind Sie jeden Morgen so aufgelegt? fragt die letzte Kundin. Ja, aber nur zwischen neun und halb zehn.

Dann muss ich wohl immer so früh kommen, antwortet sie lachend.

Wieviel waren es? Acht? Zehn? Gülcan steht draußen, lässt die Kundinnen an sich vorbei und staunt.

Nun sind nur noch wir drei im Laden, Gülcan, Peitsch und ich. Gülcan ist sieben Minuten zu spät gekommen, aber Peitsch verliert kein Wort darüber, starrt nur mich an und sagt: Gehen wir in mein Büro, Frau Melzian.

Ja, meine gute Laune! Die Hochstimmung, die mich beherrschte, meine schreckliche Begeisterung, als ich der Schulrätin in Berlin zurief: Es gibt keine Kinder. Das sind Erwachsene, nur kleiner und dümmer …

Peitschs Büro ist eine Abstellkammer, ohne Fenster, mit einem winzigen Schreibtisch und zwei Hockern. Es ist ein Mauseloch, in das ich ihm folge, und Angst steigt in mir auf, als ich mich setze. Peitsch! was für ein hochtrabender Name! Einen brutalen Antreiber stellt man sich dazu vor. Er aber ist doch ein Würstchen.

Peitsch blickt mir in die Augen und schweigt.

Was haben Sie dort in der Schublade?, denn die Schublade ist offen, und es leuchtet bunt heraus, sind das etwa, sage ich mütterlich, stapeln Sie dort etwa Pornohefte?

Peitsch wird rot und stößt die Schreibtischschublade zu. Frau Melzian, eigentlich müsste ich Sie entlassen.

Wenn du wüsstest, wer seine Hand über mich hält! Nichts kann mir etwas anhaben.

Und weiter? frage ich, als er nicht weiter spricht.

Aber warum verstellt mein Geliebter sich? Warum tut er, als erkenne er mich nicht? Ach, denke ich, und etwas großes Schwarzes weht mich an, und will sich über mich legen. Du musst zunehmen, denke ich, das ist es, du musst mehr essen, dann wird er dich wiedererkennen.

Wieso müssen Sie mich entlassen, Herr Peitsch?

Diese Filiale soll geschlossen werden, wir machen zu wenig Umsatz.

Und plötzlich benehme ich mich, wie ich mich benehmen soll: angemessen, situationsbezogen, und habe Angst vor der Entlassung.

Aber, fährt Peitsch in strengem Ton fort, ich habe Sie heute Morgen gesehen. Sie können es ja doch! Und wenn die Leute aus der Siedlung jetzt kommen, und er sieht ins Unbestimmte, viel weiter, als man in dieser winzigen Kammer blicken kann, er träumt von einer herrlichen Zukunft. Wenn wir die Leute aus der Siedlung bekämen, dann rede ich noch mal mit meinem Chef. Wie viel waren es, Frau Melzian? Acht?

Ja, wenn Sie noch mal mit ihrem Chef reden würden.

Denn wo soll ich hin, wenn mir gekündigt würde? Und ich lache sogar ein bisschen bei diesen Worten.

Sie lachen?

Ja, antworte ich. Denn von nun an würden die Leute aus der Neubausiedlung jeden Tag zu uns kommen, und immer mehr würden es werden, wir würden uns vor Kunden kaum retten können. Und ich würde die Kunden empfangen wie heute, mit Scherzworten, ansteckender guter Laune, sie würden dann meinetwegen kommen, aber dann doch etwas kaufen.

Ja, so etwas gibt es, sagt Peitsch, und ohne es zu merken, zieht er die Schublade wieder auf und ich sehe die Hefte.

Sind wir Schlotzen-Weiber denn der letzte Dreck, dass es einem Filialleiter nichts ausmacht, ob sie seine Anal-Magazine entdecken? Wo ist die Stelle, wo ich so etwas anzeigen, wo ich mich darüber beschweren kann? Doch ich will diplomatisch sein und lächle in mich hinein. Mehr hast du nicht zu bieten, Peitsch, du armseliger Wicht? Ist das dein Glück, diese Hefte, ist das alles? Ich hingegen … Aber ich denke nicht weiter, ich möchte es nicht beschreien.

Bitte, Herr Peitsch, sage ich laut, Sie können sich auf mich verlassen, die Kunden werden kommen! Ich werde alles dafür tun! stelle ich mich demütig, tue so, als könne ich ohne den Schlotzen-Markt und seine Arbeitsstelle nicht leben. Ja, jetzt, da mein Geliebter wieder da ist, leiste ich mir diese Schauspielerei.

Nun müsse ich aber wieder an die Arbeit, selbst

wenn er mir noch einen Kaffee anbieten wolle, sage ich. Nur für den Fall, dass die neuen Kunden kämen. Aber wie mein Chef jetzt dasitzt, jung und hässlich, habe ich Mitleid mit ihm und will ihm helfen, sei es auch nur mit einem guten Rat:

Sie sollten Ihr Allerprivatestes nicht hierher an den Arbeitsplatz bringen. Das verwirrt uns Untergebene und macht uns verlegen.

29

Danach war Peitsch zu den anderen Filialen aufgebrochen.

Und wirklich, kurz bevor er davonfuhr, betraten wie auf ein geheimes Zeichen erneut vier, fünf neue Kunden den Laden, und ich sah noch, wie er innehielt, um sich an dem Anblick zu berauschen – dann erst brauste er los.

Am Abend hatten wir die Sollzahl überschritten.

Gülcan und ich standen noch vor dem Geschäft, nachdem wir abgeschlossen hatten. Weißt du, wenn die Kunden kommen, wenn es voll ist, dann bin ich plötzlich stolz auf unseren Laden. Sie sagte das so, als sei es ein Geheimnis, als erzähle sie mir von den Liebhabern, die sie hat. Mir geht es genau so, antwortete ich verwirrt.

Zuhause zog ich mich um. Ich trug nun wieder das Kleid, in dem ich zur Kirche gegangen war. Für eine Weile genügte das. Um zuzunehmen hatte ich Leberwurst gekauft und ein Stück Schwarzwälder Kirschtorte, aber ich saß davor und schaffte es nicht, davon zu essen. Leberwurst riecht irgendwie traurig, und wie gut passte dieser Geruch zu meiner kleinen Küche, verkommen noch von meiner Mutter her, aber auch ich hatte nach ihrem Tod nicht die Kraft besessen, etwas daran zu ändern.

Plötzlich jedoch sprang ich auf, lief zur Anrichte, holte einen Teller heraus, aus der Schublade Messer und Gabel und legte ein zweites Gedeck auf. Ich stellte das Radio an und fand Musik. Dann schnitt ich noch mehr Brot auf.

Weißt du noch, unsere Nacht in Berlin?

Er lächelt und nickt.
Nimm doch von der Leberwurst, sie ist gut.
Und er lässt sie sich schmecken.
Nun die Torte.
Nein, er werde zu dick.
Gut, sage ich, dann werde ich sie essen.

Ich hatte aufgegessen.
Das Kleid trug ich bereits. Ich putzte mir die Zähne und verließ das Haus.

Draußen war alles vertraut, meine Füße gingen wie von selbst, so als wüssten sie den Weg, und als ich nicht an den Häusern der Nachbarn vorüber wollte, fragten sie warum, so sei es doch kürzer, und wir stimmten ab und sie setzten sich durch.

In den Vorgärten arbeiteten nach Feierabend noch ein paar Nachbarinnen und pflegten ihre Beete, und als ich sie freundlich, ja, geradezu überschwänglich grüßte, lächelten sie und grüßten zurück. Wie eine Lehrerin ihre Klasse am Morgen, so hatte ich sie gegrüßt.

Der Abend war mild, und in einem Gebüsch vor dem Pfarrhaus sang eine Nachtigall. Ich hatte meinen Zeigefinger an den Knopf der Klingel gelegt, doch er wollte nicht weiter, und ich betrachtete ihn. Wie schön er doch war! Immer schon war ich stolz auf meine Hände gewesen; Lehrerinnenhände.

Aber der Finger streikte. Unendlich lange stand ich so da.

Ja? Wollten Sie klingeln und trauen sich nicht?

Er trägt seinen Pastorenkragen. (Eben noch habe ich mit ihm zu Abend gegessen. Nun stehen wir uns gegenüber in der geöffneten Tür.)

Sie hatten mich neulich so nett zum Kaffee eingeladen, und ich konnte nicht.

Wegen der Gans?

Er lacht sein Weißweintrinkerlachen. Nein, es ist ein anderes Lachen, nicht das scharfe kritische Dandylachen – gutmütiger, voller Gnade, voller Erbarmen.

Mein Finger hat mir den Dienst versagt, sage ich.

Ich habe Sie vom Fenster aus gesehen. Kommen Sie herein. Passt es Ihnen auch? (Was für eine Komödie wir spielen! Wir siezen uns sogar. Aber dann fällt mir ein, dass man solche Spiele spielt unter Liebesleuten, dass man sich neckt, und so spielen wir weiter.)

Eigentlich nicht, ich muss an meiner Predigt arbeiten. Kommen Sie trotzdem herein. Kurz, ganz kurz.

Ich hätte heute einen guten Tag gehabt, sage ich, und davon wollte ich jemandem erzählen. Und ich will von den Kunden aus der Neubausiedlung erzählen, aber dann fällt mir ein, dass er mich im Schlotzen-Markt vielleicht nicht erkannt hat, und wenn ich jetzt von den Kunden erzähle, dann weiß er, dass ich ein Schlotzen--Weib bin. Und ich werde traurig und will hinaus aus seinem Wohnzimmer und mit keinem mehr reden, kein Wort. Er aber drückt mich fast in einen Sessel, drückt auf meine Schulter, streift meinen Hals; aber nein: das ist übertrieben, er hat mich nicht angefasst, nur auf den Sessel gezeigt und mir freundlich zugenickt.

Möchten Sie ein Glas Rotwein?

Es ist Abend, und ich sage ja.

Sie können nur ganz kurz bleiben. Wegen der Predigt.

Das mache mir nichts aus, sage ich. Geht es wieder um Hiob?

Das wissen Sie noch? Er lacht. Ja, er wolle die Leiden Christi mit denen Hiobs vergleichen. Eine kitzlige Sache! Wie leicht gerate man da ins Fahrwasser der Häresie.

Er denkt vor sich hin und schweigt.

Der Wein läuft in mich hinein, ich spüre seine Wirkung sofort.

Sprechen Sie weiter, rufe ich. Ich sei Lehrerin, er könne ruhig über schwierige Themen sprechen.

Lehrerin? Hier am kalten Markt?

Nein, hier sei es mir zu kalt! lache ich. Ich sei nur kurzfristig hier. Ich hätte mir eine Auszeit genommen.

Aber innerlich ist mir nicht wohl. Mit seinem feinen Pastorensinn wird er meine Lügen schnell entlarven, gleich sagt er dir ins Gesicht: Ich habe Sie hier schon gesehen. Sie sind keine Lehrerin. Sie leben hier am kalten Markt und sind ein Schlotzen-Weib!

Wenn du das sagst, Johannes …

Haben Sie etwas auf dem Herzen? Oder nur Kaffee trinken? Ich strecke ihm mein leeres Glas hin, damit er es auffüllt, und als er mir nachgießt, ist er mir auf einmal sehr fremd.

Mein Mann, sage ich, nachdem ich getrunken habe, sei auch Lehrer. Erst hätte ich geglaubt, er sei es aus Liebe zu den Kindern, und deshalb habe er das Erziehen zu seinem Beruf gemacht. Dann aber sei mir klar geworden, dass er das Lehren nur als Broterwerb ansehe, als verhassten Broterwerb, und das habe mich erschüttert. Ich hätte mich verraten gefühlt und deswegen angefangen zu zweifeln. Und, füge ich lächelnd hinzu, wir seien auch längst geschieden.

Johannes nickt, wohl in Gedanken längst wieder bei Hiob. Plötzlich springe ich auf, rufe, nun müsse ich gehen, nun wolle ich nicht länger stören, und stürze hinaus; blindlings, so dass ich mich stoße an der Haustür, und draußen laufe ich, laufe so schnell ich kann. Erst als das Pfarrhaus nicht mehr zu sehen ist, mache ich keuchend halt.

Verleugne die Niederlagen. Oft sind es gar keine, das merkt man erst später. Und ich denke, wie schön es doch ist, dass heute Kunden gekommen sind. Die richtigen Kunden, die aus der Neubausiedung, nicht solche wie meine Nachbarn.

Du musst alles über ihn herausfinden, denke ich. Mein Atem hat sich beruhigt, und beschwingt, mein Gang ist das Schönste an mir, gehe ich an den Nachbarhäusern vorbei nach Hause.

30

Wieder waren die Kunden aus dem Neubaugebiet gekommen, und ich hatte mit ihnen gescherzt. Das Scherzen ist anstrengend, und doch auch schön.

Wir sind in der Mittagspause, ich bin mit Gülcan zum Kiosk gegangen, und wir essen Blätterteig mit Schafskäse gefüllt, von dem ich merke, ich nehme zu bei jedem Bissen.

All diese Kunden hat uns mein Liebster geschickt. Wie? Dein Liebster?

Das sei nur ein Scherz gewesen. Wie ihn die Weißweintrinker machten.

Wieso sage ich das? Was gehen mich die Weißweintrinker an!

Die Weißweintrinker?

Das war nur ein Scherz, ein Witz.

Du bist so witzig! Mit den neuen Kunden, und nun mit mir.

Aber ich kann nicht lachen. Ich kann nicht lachen, Marion! Mein Verlobter ist da, er ist in Deutschland. Sie fängt an zu weinen. Ist meine Jugend schon zu Ende? Ist meine Jugend aus, Marion?

Und ich tröste sie und sage, alles würde gut. Denn mir selbst geht es gut, und wie kann es da anderen schlecht gehen?

Am Nachmittag riss der Kundenstrom ab. War das alles nur ein Traum gewesen, hatten mir die Frauen aus dem Neubaugebiet einen Streich gespielt, indem sie gestern gekommen waren, um heute Nachmittag wieder auszubleiben? Ich wurde bedrückt, und selbst Gülcan, die immer betont, der Scheißladen sei ihr scheißegal, wirkte niedergeschlagen.

Kurz vor Ladenschluss waren sie wieder da. Sie sind wie ein Vogelschwarm, dachte ich, keiner weiß, wann sie kommen. Wir hatten Schlangen an den Kassen, und es waren noch Kunden zwischen den Regalen, und als ich in einen der Spiegel sah, fiel mir ein Junge auf, von fünfzehn, sechzehn Jahren, der vor den Tampons, den Monatsbinden und Slipeinlagen stand. Er nahm Packungen aus dem Regal, befingerte sie und legte sie wieder zurück. Auf seinem sonst hübschen Gesicht zeigte sich ein dummes Grinsen, und ich machte Gülcan das Zeichen, während ich weiterkassierte. Wir haben ein Zeichen, wenn ein potentieller Dieb im Laden ist: Gülcan, hast du noch Kleingeld? rief ich.

Gülcan war abgelenkt und antwortete nicht gleich, sie musste sagen: Ja, jede Menge, auch wenn es nicht stimmt. Endlich blickte sie auf und sah in den Spiegel.

Wir kassierten weiter und behielten den Spiegel im Auge.

Sobald der Verdächtige etwas einsteckt, lassen wir ihn ein paar Schritte gehen, damit er es nicht zurücklegen kann; dann springen wir auf, zu zweit, vertreten ihm den Weg und stellen ihn. Oft allerdings haben wir Angst vor Gewalt, und lassen sie laufen, besonders bei Männern; aber bei diesem Jungen sollten wir es versuchen. Wir beide können die Prämie gut gebrauchen.

Jetzt ist es leer. Nur der Junge und wir sind noch im Laden. Aber Gülcan sieht nicht in den Spiegel, achtet nicht mehr auf jede Bewegung wie ich. Was hast du? will ich fragen. Aber schon ruft der Junge mit knarrender Stimmbruchstimme auf Türkisch durch den Laden. Und schon geht Gülcan zu ihm. He, was ist? will ich fragen. Aber schon küsst sie der Junge, und sie macht sich los und drückt ihn von sich. Und er packt sie an den Haaren und reißt daran. Sie reden Türkisch, und der Junge lacht und beutelt ihren Kopf an den Haaren. Gülcan! Soll ich dir helfen? Nein, antwortet sie, während der Junge sie beutelt.

Lass nur, ruft sie, als ich zu ihnen stürze, lass!

Der Junge lächelt mich an.

Der Mann ist Herr, ruft er mit Stimmbruchstimme. Aber sie glaubt es nicht! Und er beutelt sie. Tränen springen ihr aus den Augen vor Schmerz.

Wir kämpfen. Ich bekomme sie los.

Hure! Hure! brüllt er mich an und tritt mir gegen das Schienbein. Weinend, ein schlechter Verlierer, so stürzt er aus dem Laden.

Sag nichts, sagt Gülcan, sag nie etwas davon. Schwer atmend stehen wir da.

Wir setzen uns an die Kassen, als sei nichts gewesen. Ein paar Nachzügler kommen herein, Nachbarn von mir. Und als sie mich grüßen, versuche ich, auch mit ihnen zu scherzen. Aber mit den Nachbarn kann ich es nicht.

Wann soll die Hochzeit sein? frage ich, als sie fort sind. In acht Wochen. Du bist eingeladen.

Danke. Ich muss lachen. Sag nichts.

War er das?

Sag nichts.

Eine Woche habe ich mich von ihm fern gehalten. Ich muss mich prüfen und darf ihn nicht sehen. Ganz aber kann ich nicht auf ihn verzichten, und so habe ich das Buch Hiob gelesen. Es ist schlimmer, als ich dachte. Und das macht es mir schwer, mich um seinetwillen zu Gott zu bekehren.

Gestern Abend wusste ich plötzlich: Er hat dich nicht wiedererkannt. Weil er es gar nicht ist! Du hast dir das nur eingebildet. Ja, diese Liebesnacht war schön, aber eine Liebesnacht ist noch keine Liebe.
Ich hatte die Fenster zum verwilderten Garten aufgemacht, und in Mamas Radio spielten sie Beethovens Neunte. Und obwohl meine Gedanken mit Verzicht zu tun hatten, durchströmte mich ein Gefühl der Großartigkeit, der Erhabenheit und dieser Satz: Er ist es nicht, ich dachte ihn wieder und wieder zu der herrlichen Musik. Und eine Fragestellung aus der Predigt am Sonntag fiel mir ein: Ob nicht der Tröster wichtiger ist als der Retter? An die Antwort erinnere ich mich nicht mehr. Aber vielleicht müssen selbst die Geretteten getröstet werden, wegen ihrer früheren Leiden, die sie auch im Himmel nicht vergessen können; es sei denn, Gott löscht sie, und die Erinnerungen sind fort für immer, in Ewigkeit ...

Gülcan hat mich gebeten, sie nach Tübingen zu begleiten, und wir sitzen im Bus.
Sie hat Angst allein, schließlich ist es ein chirurgischer Eingriff. Von ihrer Familie darf es niemand wissen.

Sie traut ihren Schwestern nicht und hat Angst, sie würden sie aus Neid auf die Hochzeit verraten. Komm mit, Marion, steh mir bei. Ich sei dagegen, hatte ich geantwortet, ich lehnte es sogar ab. Auf der Fahrt würde ich bei ihr sein, wenn ihr das helfen würde. In die Arztpraxis aber käme ich nicht mit, ich würde mir stattdessen die Stadt ansehen.

Es ist Sonntag, und sie hat zuhause gesagt, sie würde ein Picknick mit einer Kollegin machen. Nur sonntags haben wir beide ja den ganzen Tag frei. Ist die Praxis denn offen am Sonntag? hatte ich gefragt. Ja, weil viele von den Dörfern kommen und nur sonntags können.

Ich hatte flache, bequeme Schuhe angezogen und war froh darüber. Gülcan trug Pumps. Sie war aufgedonnert, wie es die jungen Mädchen heute sind, mit kurzem Rock; so als wolle sie den Arzt verführen und nicht etwas ganz anderes von ihm.

Auf dem Bahnhofsvorplatz, wo der Bus gehalten hatte, war ein großer Stadtplan, auf dem wir die Adresse der Praxis fanden. Sie lag in der Südstadt. Stadtbusse fuhren am Sonntag nicht dorthin, und wir mussten laufen.

Endlich standen wir vor dem Haus. Es war ein reines Geschäftshaus, ein nüchterner Neubau aus den 90er Jahren. Auf dem Praxisschild neben der Haustür waren zwei Namen zu lesen: Schmidt und Karanirwanhan.

Muss es wirklich sein? fragte ich. Ich ärgerte mich, dass ich solch barbarischen Praktiken Vorschub leistete. Für solch einen Verlobten tust du das?

Nicht für ihn, sagte Gülcan, für die Familie. Komm mit rein. Nein, sagte ich. Ruf mich an, wenn du weißt, wann du weggehen kannst. Dann hole ich dich ab.

Ich drehte mich um und ging davon. Einmal schaute ich zurück: Gülcan stand noch immer vor der Tür und traute sich nicht zu klingeln.

Übermütig, als sei es ein Spaß, lief ich zurück und läutete.

Die Tür sprang auf.

Verachtest du mich jetzt?

31

Ich stand auf dem Marktplatz mit den schmalen, hohen Fachwerkhäusern, dem alten Rathaus. In der schönen Stadt kam ich mir selber schön vor. Denn wenn man sich schön fühlt, ist man es auch. Ich genoss die Blicke der jungen Männer, und doch wollte ich nicht immer an dieses Thema denken. Ich kaufte mir ein Eis und schlenderte durch die Gassen.

Nun wollte ich hinunter zum Fluss.

Etwas Eis war durch die Waffel gelaufen, und meine Finger waren klebrig davon. Bei einem alten Gebäudekomplex blieb ich stehen. Mein Blick fiel in einen Hof mit einem Brunnen darin. Ich ging hinein, trat zum

Brunnen und wusch mir die Hände. Die Gänsemagd. Wenn das deine Mutter wüsste, das Herz würde ihr zerspringen … Ich nahm eine Handvoll Wasser und kühlte mein Gesicht.

Wissen Sie, wo Sie sind? Ich blickte auf. Er lachte.

In der Altstadt von Tübingen.

Seine Stimme klang freundlich, nur ein wenig fremd, ein wenig kehlig, wie man es von Schwarzen kennt. Und es war auch ein junger Schwarzer, der mich angesprochen hatte.

Darf ich hier nicht sein? fragte ich.

Doch. Und in meiner Begleitung sowieso.

Ich hätte nur meine Hände waschen wollen. Ich hätte ein Eis gegessen und mich beschmutzt.

Er lachte mich an, ein schwarzes Gesicht mit einer Brille und sehr weißen Zähnen.

Ob ich den Fuchs gesehen hätte? Es gäbe einen Stadtfuchs hier auf dem Stiftsgelände; sonntags zeige er sich besonders gern.

Ich müsse jetzt gehen, sagte ich. Er hatte mir nicht zugehört.

Professor Fuchs, sagte er, so nennen wir Stiftler das Tier. Nach dem Ephorus, dem Leiter des Stifts, der sich allerdings mit X schreibe. Dies sei das evangelische Stift, und er hier Stipendiat.

Eine leichte Angst erfasste mich. Das Schicksal macht einem Angst, egal, was es vorhat, Gutes oder Böses.

Er heiße Eumenid, und wenn ich wolle, würde er mir die Anlage zeigen.

Wieso wollen Sie das? fragte ich.

Ach, er sei einfach stolz darauf. Weil ich Ihnen gefalle?

Das auch. Er lachte.

Wir waren wohl beide rot geworden, doch bei ihm war es nicht zu erkennen.

Das Stift sei 1536 von Herzog Ulrich gegründet worden, zur Ausbildung württembergischer Pfarrer und Lehrer nach der Reformation.

Ich sei auch Lehrerin, sagte ich. Ich hätte immer mit Kindern arbeiten wollen.

Es sei ein Monument deutscher Geistesgeschichte. Und er dürfe hier leben und lernen. Das mache ihn stolz.

Wenn du mich jetzt fragst: Ja, ich würde mit dir mitkommen, bis nach Afrika.

Hier würden immer noch Pfarrer ausgebildet. Die Stipendiaten studierten an der Universität Theologie. Aber es gäbe Repetitorien und zusätzliche Kurse im Stift selbst. Und die Stiftler bekämen ihr Stipendium in Kost und Logis; ganz so wie vor fünfhundert Jahren.

Wir gingen durch ein Labyrinth von Gängen, und ich sagte, wenn er mich jetzt allein ließe, hätte ich keinen Faden abgerollt und könnte nie wieder den Ausgang finden … Er verstand mich nicht. Das sei eine alte Sage, erklärte ich; er aber war schon weitergegangen, und zeigte mir die Kapelle. Hier würde auch getanzt, sagte Eumenid und machte ein paar Tangoschritte.

Sonst war es leer gewesen in den Gängen und den Räumen, im Karzer aber, dem Stiftsgefängnis, saßen drei Stiftler und spielten Karten. Eumenid nickte ihnen zu und zeigte mir die jahrhundertealten Kritzeleien an den Wänden. Als Gefängnis werde der Raum nicht mehr genutzt, man nutze ihn nun für verschiedenste Zwecke ...

Hier, sagte mein Begleiter, und zeigte mir in einer offenen Galerie den Stolz des Hauses. Hier, die Stiftsköpfe: Große Männer, die hier studiert und gelernt haben.

Es waren Namen von Dichtern und Philosophen, ihre Bilder hingen an der Wand ... Sehen sie nicht ein wenig aus wie die Kartenspieler im Karzer? rief ich. Hier Hegel, Schelling, und da, Hölderlin? Ich zeigte auf ihre Bilder.

Wir kamen in den Speisesaal. Die Decke war niedrig, Holzsäulen trugen sie, und ich wusste nicht, ob ich die niedrige Decke gemütlich fand, oder ob sie sich heruntersenken und uns zerquetschen könnte.

Wie schön Eumenid sich bewegte, ruhig und dabei gleitend, ein afrikanischer Prinz.

Ein Freund von mir habe hier früher Gänsebraten gegessen.

Ich lachte.

Ach, sei der auch Stiftler gewesen? Dann kennst du das Stift vielleicht schon?

Nein, ich sähe das alles zum ersten Mal. Hier also hat mein Geliebter gegessen, dachte ich. Ich wurde traurig – es war, als wäre er tot.

Sie würden mit den Führungen ihr Stipendium aufbessern. Einen Teil aber müssten sie abführen an das Stift. Fünfzehn Euro: Das sei nicht zu viel verlangt für eine Einzelführung. Er habe es für mich aber umsonst gemacht. Den Garten müsse er mir noch zeigen. Ob er nicht wunderschön sei, jetzt im Mai?

Ich blickte mich um. Die Obstbäume blühten. Angehende Pfarrerinnen lagen auf der Wiese am Fluss und ließen ihre jungen Körper in der Sonne bräunen. Am Ufer legte ein Kahn an.

Es sei seit damals alles umgebaut worden, sagte Eumenid, es gäbe keine Schlafsäle mehr; aber wo er wohne, sei früher die Geniestube gewesen. Wenn ich wollte, könne er mir das Zimmer zeigen.

Er führte mich erneut durch ein Gewirr von Gängen, über verwinkelte Treppen nach oben. Mein Herz begann zu klopfen. Wie elegant er vor mir her ging! Endlich öffnete er eine Tür. An dem Zimmer selbst war nichts Auffälliges, nur ein schönes Apostelportrait hing an der Wand.

Hier hätten vor über 200 Jahren Hölderlin und Hegel und Schelling in einer Stube gewohnt. Er lächelte mich an.

Ich begann, mich auszuziehen.

Nein, nein, rief der Schwarze, nicht! Das sei ein Missverständnis. Es täte ihm leid.

Das Blut war mir ins Gesicht geschossen. Ich brachte kein Wort heraus. Weinend stürzte ich hinaus. Als ich endlich den Ausgang gefunden hatte, rief Gülcan an, und ich beruhigte mich. Ich solle sie abholen. Ist es schlimm gewesen? fragte ich.

Sie hätte eine Narkose bekommen und danach noch Tabletten.

Wir hatten noch Zeit, als wir zum Busbahnhof kamen, obwohl sie nur langsam gehen konnte, und ich lud sie in ein Café ein. Das Dach kam mir in den Sinn, und dass die acht Euro für die Eisbecher mir fehlen würden.

Jetzt musst du bald heiraten und ich bin verliebt, sagte ich.

Wie? Erzähl!

Aber ich wollte nicht.

32

Wer ich sei, fragte er, Marion Melzian? Er könne sich nicht an mich erinnern. Ich wusste, das war ein Scherz, und musste am Telefon lächeln: Ganz abgelegt hatte er den Weißweintrinker also nicht. Wer ich sei und worum es ginge? Um Glaubensfragen, antwortete ich. Er wirkte bestürzt, wie ein Kind, das man ertappt hat. Schließlich sagte er, wieder mit kräftiger Stimme: Ja, er erinnere sich. Er habe viel zu tun, doch ich könne am Freitagabend um halb acht zu ihm kommen. Mein Herz schlug und ich lachte.

Was lachen Sie? Ich legte auf.

Die Kunden aus dem Neubaugebiet waren am Vortag ausgeblieben, und Peitsch war an jenem Freitag zuerst zu unserer Filiale gekommen, um nachzusehen, wie es stand.

Sie sind wie die Vögel, sagte ich mit der Ruhe, der Souveränität, die man hat, wenn einem eine Sache eigentlich egal ist – das war ja mein Fehler gewesen, dass mir mein Lehrerinnenberuf nicht gleichgültig gewesen war, und das hatte mich meine Souveränität gekostet.

Noch während ich den Vergleich mit den Vögeln machte, kamen sie, waren schon die ersten eingetreten.

Unser Filialleiter hat schon Angst gehabt, Sie würden nicht kommen, sagte ich, als die ersten an die Kasse traten, die Wagen und Körbe gut gefüllt. Die Kunden lachten, lächelten ihm zu, und schon verzog Peitsch sein noch rotes Gesicht zu einem Lächeln. Peitsch, dachte ich, das alles hier ist nicht so wichtig, lebe einfach in den Tag hinein! Aber Peitsch ist vielleicht nicht verliebt, und so habe ich gut reden.

Als wir zumachten, war ich vom Scherzen mit den Kunden erschöpft. Ich ging absichtlich langsam nach Hause, um über mein Leben nachzudenken, aber es gelang mir nicht. Immer wieder kam mir meine Verliebtheit dazwischen, mit ihren schweren Anfällen von Glück.

Zuhause wurde ich ruhiger, und ich zog das Jungmädchenkleid an. Es steht mir von allem, was bei mir im Schrank hängt, am besten. Ich hatte noch Zeit und blickte zum Fenster hinaus auf die schwarzen Wolken, nun wieder in Angst um das Dach. Ja, es war gut, dass mich diese Sorge ablenkte von mir und meiner Liebe.

Um zehn vor halb acht konnte ich nicht länger warten und ging zum Pfarrhaus. Ich tat, als sei es ein Abendspaziergang, summte vor mich hin, und als ich an einer Brache vorbeikam, pflückte ich dort Mohn und Kornblumen. Rot und Blau, Liebe und – ich weiß nicht, was Blau bedeutet.

Er stand schon in der Tür und ich brauchte nicht zu klingeln. Ein herrlicher Abend, nicht? Er zeigte auf die Sonne und dann, ihr gegenüber, auf die blauschwarzen dräuenden Wolken.

Meine Frau kann Sie nicht begrüßen, sie ist mit den Kindern bei einem Besuch.

Er testet dich, dachte ich und war auf der Hut, er prüft dich, ob du bereit bist, trotz dieser Hindernisse an unserer Liebe festzuhalten.

Schade, antwortete ich, ich hätte sie gern kennengelernt.

Er führte mich ins Arbeitszimmer und bat mich, Platz zu nehmen. Ich blickte mich um, was ich ändern würde, viel wäre es nicht gewesen, nur den Schreibtisch würde ich umstellen. Und meinen Stuhl, meinen Lieblingsstuhl, würde ich ihm hier hereinstellen, wenn mein Haus verkauft war. Dann fiel mir das Bild auf, das über dem Schreibtisch hing. Es war das gleiche, das ich im

Stift im Zimmer des Schwarzen gesehen hatte. Das sei Paulus.

Ihr Kaffee ist gut.

Danke.

Ich möchte glauben wie Sie, sagte ich.

Er wurde finster und schwieg, und es kam mir vor, als hätte ich alles falsch gemacht, schon am Anfang alles verdorben.

Wie quälend lang dieses dumme Spiel schon ging. Wann dürfen wir endlich sagen, dass wir uns kennen und uns in die Arme fallen?

Ich hätte eine Bekannte, sagte ich ... Ob er nicht eine Predigt halten könne gegen Heuchelei, gegen Täuschung, die dem Gedanken der Liebe völlig widersprächen? (Was redete ich da? So redet man nicht mit jemand, dessen Herz man wiedergewinnen will.) Die Bekannte sähe sich gezwungen, ihre Jungfernschaft vorzutäuschen, für einen Mann, einen Burschen, den sie nicht liebe.

Er sah mich an und nickte. Wie ernst er war! Wie anders, wie leichtsinnig und frech war er in Berlin gewesen! Ich wusste nicht, was mir besser gefiel.

Ja, das sei nicht im Sinne Gottes. Er musterte mich. Ob wir uns nicht kennten, von früher, von sehr viel früher, er käme nicht darauf.

So, dachte ich, nun lasse ich dich zappeln. Und obwohl das ein harmloser Gedanke war, erfasste mich dabei ein plötzlicher Hass, und ich hätte auf meinen Liebsten einschlagen mögen.

Ihre Bekannte, ist sie Muslimin?

Ich nickte.

Er persönlich verabscheue die Zwangsheirat, die verlogene Sexualmoral, von der ich gesprochen hätte. Aber er könne dagegen nichts sagen, besonders nicht auf der Kanzel, denn das würde als Kriegserklärung an einen anderen Glauben aufgefasst. Wenn es sich um eine Christin handelte, wäre das etwas anderes. So aber seien ihm die Hände gebunden. Ich sah ihm an, dass er litt, trat an den Schreibtisch und ergriff seine Hand.

Er machte sich los, ganz sanft.

Ob ich ein Glas Wein haben könne, ich würde jetzt gern mit einem Mann Weißwein trinken.

Du bist Marion, nicht?

Er stand auf, ohne die Antwort abzuwarten, und kam mit einer Flasche und zwei Gläsern zurück.

Weißwein, sagte ich und lachte.

Er verstand erst nicht. Ach so, Weißwein. Er lächelte.

Wir tranken, wir sagten kein Wort. Es war still und gemütlich in seinem Arbeitszimmer, mir war, als wäre ich hier zuhause.

Wie ist es dir ergangen, Marion?

Gibt es die Weißweintrinker noch? fragte ich zurück.

Nein, das sei nur das eine Semester in Berlin gewesen. Dann sei er zurück nach Tübingen gegangen. Er habe seine Berliner Lebenseinstellung sehr bald bereut.

Auch die Nacht mit mir?

Ja. Nein.

Mir sei diese Nacht immer noch wichtig.

Ob ich wirklich glauben wolle, wie ich es vorhin gesagt habe? Ich war betroffen, mit welchem Ernst er das sagte. Ich horchte in mich hinein. Wenn ich es könnte, sagte ich, dann mit deiner Hilfe.

Plötzlich lachte er, sein scharfes Dandylachen von damals, und sagte mit schneller Dandystimme: Marion! Bist du vielleicht ein Werkzeug Gottes?

Die Tür ging auf und seine Frau kam herein.

Wir waren nicht nackt.

Maria, das ist Marion.

Wir hätten nackt sein sollen. Dann wäre alles klar gewesen.

33

Maria brachte die Kinder ins Bett und setzte sich dann zu uns. Bevor sie das tat, hatten wir wenig gesprochen, nur still dagesessen und uns den Wein schmecken lassen. Mir war, als gehörte ich hierher, als wohnte ich hier in diesem alten schönen Haus, in dem es still war bis auf die Kindergeräusche von oben. Ich kenne Marion aus Berlin, sagte Johannes, als Maria wieder hereinkam.

Maria lächelte. Sie ist eine gutaussehende Frau, nur ihr einer Schneidezahn steht etwas krumm.

Sie können mich duzen, wenn Sie wollen. Ich suchte den Glauben, sagte ich, und brauchte Verbündete. Deswegen sei ich hier.

Ich lachte dabei, um die Stimmung nicht zu zerstören.

Ist dir der Wein zu sauer? fragte Johannes, denn Maria hatte das Gesicht schmerzlich verzogen, als ich vom Glauben sprach.

Ein bisschen, antwortete sie, aber beim zweiten Schluck geht's.

Was tust du, Marion?

Ich hätte ein Haus hier, und das Dach sei kaputt, und ich müsse Geld verdienen für die Reparatur. Wenn das Dach repariert sei, müsste ich weitersehen.

Hast du Familie hier?

Nein. Meine Mutter ist vor sechs Monaten gestorben.

Wie gut es tat, über das Dach zu sprechen, über Mutter, über mich! Und wie schrecklich, dass ich dieser so netten Frau vielleicht etwas antun muss.

Ich säße so gern hier bei ihnen. Am liebsten ginge ich nie wieder fort.

Johannes lächelte.

Es ist spät, sagte Maria zu ihrem Mann. Ich versuchte einen Scherz zu machen:

Ich müsse jetzt gehen, aber nur, wenn ich wiederkommen dürfe.

Natürlich, erwiderte Johannes. Er brachte mich an die Tür. Was denkt deine Frau über uns? sagte ich zum

Abschied, hatte es aber wohl zu leise gesagt, denn er antwortete nicht. Ich lief in die Nacht hinaus, drehte mich noch einmal um, sah, dass Johannes noch in der offenen Tür stand, seine schöne Silhouette im Gegenlicht, rannte zurück und sagte strahlend und ganz außer Atem: Soll ich morgen wieder kommen?

Nein, antwortete mein Liebster, morgen habe er keine Zeit. Aber ich könne am Sonntag den Gottesdienst besuchen, vielleicht helfe mir der Besuch und seine Predigt.

Gleich wird er dich küssen, dachte ich und sah ihn an. Aber sein Gesicht war nachdenklich, fast mürrisch und er trat zurück ins Haus und schloss die Tür.

Ja, dachte ich, er muss vorsichtig sein, ein beliebter Pfarrer wie er. Auf dem Heimweg überlegte ich, wo wir uns treffen könnten, so dass niemand davon erfuhr.

Der Nachthimmel über mir prangte mit Milliarden Sternen. Beängstigend nah schienen die Sterne zu sein, so als stürzten sie auf uns zu. Ja, dachte ich, wer das erschaffen hat, so sinnlos und schön, der muss ein Gott sein, und Johannes zuliebe will ich versuchen, an ihn zu glauben. Ein Gefühl der Geborgenheit erfasste mich, so, als glaubte ich schon, und ließ mich nicht mehr los bis zuhause. Ich musste an meine Mutter denken und wurde traurig. Aber ich rede ja mit ihr, rede fast mehr mit ihr als zu ihren Lebzeiten. Mutter, sagte ich, und berichtete ihr von meinem Glück. Es wurde mir leicht ums Herz. Gleich morgen Abend, sagte ich, werde ich wieder zu ihm gehen. Dann, später im Bett, stieg der Gedanke in mir auf, dass ich meine Stelle im

SchlotzenMarkt kündigen sollte, um mich ganz ihm zu widmen. Aber langsam, langsam! dachte ich, das ist der Wein, der aus dir spricht.

Ich träumte von einem Sternenhimmel, prangend und riesengroß. Ein bestirnter Himmel war über mir. Und die Sterne wollten auf die Erde kommen, und ich fürchtete mich und wünschte es doch herbei.

34

Nur im Arbeitszimmer brannte noch Licht, und ich hatte gewartet und gehofft, dass seine Frau und die Kinder schliefen, und hatte auch, denn es war fast Mitternacht, nicht geklingelt, sondern ein Steinchen an sein Arbeitszimmerfenster geworfen.

Was ich wolle? Er habe mir doch gesagt, er habe heute keine Zeit und ich solle am Sonntag in die Kirche kommen.

Es gebe heute Nacht einen herrlichen Sternenhimmel, fast noch schöner als gestern, und schon der gestrige habe mich dazu gebracht, über Gott nachzudenken, und nun solle, nein, müsse er herauskommen und dieses Gotteswunder betrachten und genießen. Gott habe nichts gegen Genuss, das habe er doch auf der Kanzel gesagt?

Marion, unsere Beziehung ist lange her. Und ich solle mich prüfen, welchen Quellen mein Vorsatz, an Gott zu glauben, entspränge und ob diese Quellen rein seien.

Komm erst einmal heraus und schau dir den Himmel an! rief ich mit gedämpfter Stimme.

Und wenn ich meine Frau wecke, und meine Kinder, willst du uns allen dann den Himmel zeigen?

Ich schwieg. Ganz bestürzt blickte ich zu den Sternen hinauf und suchte dort Trost.

Ja, sagte ich endlich, ja, wenn du willst. Und ich wusste, ohne das bestirnte Firmament hätte ich diese tapfere Antwort nicht geben können.

Ich komme heraus, erwiderte er. Aber sei leise. Wir sehen uns kurz die Sterne an und dann gehst du nach Hause. Ver sprichst du mir das?

Ich zögerte.

Sonst komme ich nicht, sagte er mit gedämpfter Stimme, sonst mache ich das Fenster zu und gehe ins Bett, und du musst allein in meinem Garten stehen.

Wenn er an Gott glaube, dann müsse er herauskommen und seine Wunder bestaunen, rief ich leise. Denn dieses bestirnte Firmament, das sei für mich ein Gottesbeweis.

Er antwortete nicht und schloss das Fenster. Kurz darauf stand er neben mir, und wir betrachteten gemeinsam die Sterne. Ich wollte nach seiner Hand greifen, doch er entzog sie mir und sagte: Ja, wenn man zweifle, dann tue ein Blick auf diese Pracht unsagbar wohl. Kaum zu ertragen sei diese Schönheit. Der Anfang des Schreckens, wie im Gedicht.

Ich wollte ihn fragen, welches Gedicht?, aber er war bereits ihm Haus und hatte die Tür geschlossen.

Ich glaube, Gülcan ist eifersüchtig auf mich, weil ich auf einmal so gut auskomme mit den Kunden. Sie merkt nicht, wie wenig mir dieses Scherzen im Grunde bedeutet; denn nur einer ist mir wichtig, und ich weiß oft nicht, ob ich es auch für ihn bin. Dann aber wieder bin ich mir sicher und platze fast vor guter Laune, und die Scherze fliegen mir zu, und ich lächle die Kunden an, und wenn ich sie auf unsere Sonderangebote aufmerksam mache, gehen viele noch einmal zurück und holen sie sich.

Ach, wie fiebere ich dem Sonntag entgegen. Denn ich habe beschlossen, mich an sein Verbot zu halten und nicht vorher zu ihm zu gehen.

Gülcan, sagte ich, als einmal niemand außer uns im Laden war, Gülcan, bist du eifersüchtig auf mich? Das musst du nicht. Weißt du, ich hatte so lange ein schlechtes Leben, und nun bin ich ein bisschen glücklich, neide mir das nicht.

Sie nahm meine Hand und versprach es. Willst du zu meiner Hochzeit kommen?

Nein, wollte ich sagen, zu so einer Hochzeit möchte ich nicht. Aber Gülcans Augen füllten sich mit Tränen, und nun fing sie an zu weinen, hemmungslos mit offenem Mund, mit zitternden Lippen, einem hässlichen Kindergesicht.

Ich legte meinen Arm um sie und versprach zu kommen. Vielleicht ändert er sich, wenn er älter wird.

Es ist doch mein schönster Tag, weinte Gülcan, aber schon anders als eben noch, so, wie Frauen weinen in Vorabendserien im Fernsehen, so, dass es schön aussieht.

Ich strich Gülcan über ihr schweres, gekräuseltes Haar und ging zur Kasse.

Sie sehen heute reizend aus, sagte ich zu der Kundin, und immer, wenn ich anfange zu scherzen, kann ich nicht aufhören, muss weitermachen, selbst wenn meine Stimmung ganz anders ist.

Noch schöner wären Sie aber, wenn Sie unsere neue Gesichtscreme benutzen würden, es gibt sie zum Einführungspreis.

Die Kundinnen lieben diese Unverschämtheiten.

Dann könnten Sie einen Pfarrer verführen.

Ja, so etwas wollen sie hören.

Ich aber war bei meinem letzten Scherz nachdenklich geworden und Gedanken, wie ich sie noch nie hatte, schossen mir durch den Kopf. Dass, wenn es wirklich jemanden gibt, der für alles verantwortlich ist, für Gülcans Schicksal, die Schlotzen-Brüder mit ihren Karibikweibern, die Neubausiedlung und so weiter: Dass er dann auch die Verantwortung übernehmen soll und sich rechtfertigen vor uns.

Die Kundin lachte, ganz hingerissen von meinen Schmeicheleien. Hätte ich so mit der Klasse scherzen können, den Schülern so schamlos schmeicheln!

Gülcan, soll man nicht alles tun, alles riskieren, um den Mann, den man liebt, zu gewinnen?
Wie?

Gülcan steht draußen vor der Tür und raucht, und ich, die ich nicht rauche, stehe neben ihr, um ihr Gesellschaft zu leisten. Aber sie hat mich nicht gehört, weil es gedonnert hat in der Ferne, der Himmel ist ganz blau, aber irgendwo ist ein Gewitter.
Sag noch mal.
Bei ihr ist es doch ganz anders, und vielleicht quält es sie, macht es sie wieder neidisch, wenn ich von meiner freien Liebeswahl erzähle, und wie ich vorhabe, mein Glück zu erringen, und ich schüttle den Kopf.
Gülcan, glaubst du an Gott?
Sie lacht. Natürlich, von ihm kommt doch alles!
Dann sehen wir das Auto von Peitsch und wir gehen hinein.

35

Ich gehe jetzt regelmäßig zur Kirche; sonst sehe ich ihn nicht. Ich muss ihm Zeit geben, um nachzudenken über mein Ultimatum.

Manchmal predigt seine Frau, sie teilen sich die Pfarrstelle. Der Habit, so heißt das wohl, steht ihr sehr gut, und wenn sie auf der Kanzel steht und mit unerbittlicher norddeutscher Stimme über den verlorenen Sohn erzählt, oder vom Samenkorn, das zugrunde gehen muss, damit daraus Frucht werde, habe ich fast Angst vor ihr. Aber vielleicht stecken mich die alten Frauen, die außer mir den Gottesdienst besuchen, nur an mit ihrer Angst. Ich glaube, sie fürchten sich vor allem und jedem, sogar vor Gott, der ihnen doch beistehen soll gegen die Angst. Vielleicht sogar am meisten vor ihm, aber wenn schon Angst, so denke ich darüber, dann vor dem Größten, dem Furchteinflößendsten.

Ja, wenn sie wie eine erzene Glocke von Nächstenliebe spricht, die so anders sein soll als die andere Liebe, macht mir Maria Angst. Und ich beneide sie. So wie sie, so voll der Gewissheit, Gott auf meiner Seite zu haben, so möchte ich auch einmal im Habit auf der Kanzel stehen und all die alten Weiber, aber auch alle anderen, wären in meiner Hand. So hätte ich vor meinen Klassen stehen sollen!

Dann wieder denke ich, dass es mir bald gelingen wird zu glauben, und dann steht selbst Gott unserer Liebe nicht mehr im Weg.

Ja, ich hatte mich sogar, während ich auf den nächsten Sonntag wartete, an den Küchentisch gesetzt, meine Mutter gebeten, mich nicht zu stören, gelauscht, ob es regnete, doch das Dach war ruhig, das Dach schlief, und angefangen eine Predigt zu schreiben. Du bist eine Schülerin, die einen Aufsatz schreibt, sagte ich mir, sei nicht ungeduldig mit ihr, überfordere sie nicht, bedenke, wie alt sie ist und ihren Lebenszusammenhang, sei nicht zu streng ... Hilflos wie eine Schülerin saß ich da und kaute an meinem Bleistift. Oh, wie gut kannte ich diese Hilflosigkeit bei anderen, bei meinen Schülern! Wieso fällt euch nichts ein, hatte ich sie angeherrscht, wenn ich die Hefte einsammelte und in manchen nichts stand, kein Wort. Aber nur aus Mitleid, nur weil ich ihr Bestes gewollt hatte, hatte ich sie ja angefahren und hatte kämpfen müssen mit mir, nicht einzustimmen ins Weinen derer, die keinen einzigen Satz geschrieben hatten. Nun saß die Schülerin Marion in ihrer Küche, und nichts fiel ihr ein, bis die Kirchturmuhr elf schlug, und dann wenig später die Kuckucksuhr meiner Mutter. Wer soll mein Heft jetzt einsammeln? Ich habe niemand. Und ich radierte die Überschrift, das einzige, was mir in den Sinn gekommen war, wieder aus. Das Gleichnis von den Törichten Jungfrauen, darüber hatte ich schreiben wollen, es beim Nachlesen in der Bibel jedoch gar nicht verstanden. Du hast einen Helfer, dachte ich und fasste Hoffnung, du hast einen, der dich liebt, dachte ich. Und dann schrieb ich, wobei ich meine Schrift verstellte, ich wusste selbst nicht warum, schrieb in der Männerschrift, die ich auch neulich beim Brief an meinen Geliebten benutzt hatte, die neue Überschrift: „Hiob hatte Recht."

Die Gedanken strömten.

36

Heute bekomme ich Besuch. Seit Mutters Tod bin ich kaum im Wohnzimmer gewesen, sie ist dort gestorben, in dem alten Lehnstuhl meines Vaters. Ich musste sie aus der Klinik holen; drei Tage lang sie stützen, wenn sie aus dem Bett aufstand, und sie zum Lehnstuhl begleiten. Im Lehnstuhl soll es passieren, hatte sie gesagt.

Nach Feierabend begann ich zu putzen. Ich glaube, ich habe mit dem Bad angefangen, weil ich ein wenig Angst vor dem Wohnzimmer habe oder genauer, vor dem Lehnstuhl darin.

Endlich war alles sauber, stand das Teegeschirr bereit, das Gebäck in der schönen Kristallschale. Eine Zufriedenheit erfasste mich, als ich als letztes eine weiße Spitzendecke über den Couchtisch gebreitet hatte, und ich fühlte mich so wohl in dem sauberen, aufgeräumten Zimmer, dass ich fast wünschte, dass der Besuch nicht käme, dass ich für mich allein diese schöne Ordnung genießen wollte. Blumen, dachte ich, Blumen fehlen, und ich holte die Vase mit den Kornblumen, die ich am Feldrain gepflückt hatte, und stellte sie auf die Tischdecke. Alles sah schön und frisch aus. Nie hätte man gedacht, dass hier ein Schlotzen-Weib wohnt. So geschmackvoll richten sich sonst Lehrerinnen ein.

Es klingelte. Der Besuch kam zu früh.

Darf ich hereinkommen?

Bitte, antwortete ich. Ich freue mich, dass du gekommen bist.

Auch wenn ich mich selbst eingeladen habe?

Sie reichte mir einen Strauß Kornblumen und einen als Geschenk verpackten Karton, Süßigkeiten wahrscheinlich.

Kaffee oder Tee? fragte ich, aber mir fiel ein, dass ich gar keinen Kaffee im Haus hatte.

Tee, bitte.

Alles ging gut.

Sie setzte sich. Ich hatte den Lehnstuhl etwas vom Couchtisch weggerückt, und so wählte sie, wie ich es beabsichtigt hatte, einen der anderen Stühle.

Der Tee war schon vorbereitet, und als ich damit zurück ins Wohnzimmer kam, sah ich sie am Fenster stehen und hinaussehen in den verwilderten Garten.

Ja, der Garten, sagte ich, ich muss mich dringend darum kümmern.

Ich trinke meinen Tee gern auf die englische Art, sagte ich, mit Milch, du kannst aber auch Zitrone haben.

Sie nehme auch gern Milch, antwortete sie. Oder Sahne, in ihrer Heimat trinke man den Tee mit Sahne.

Ihr Gesicht war entschlossen, fast wild, und ich erkannte den Gesichtsausdruck wieder: So sah sie aus, wenn sie auf der Kanzel von Gott sprach.

Ach, sagte sie, Sie haben ja schon Kornblumen. Sie schien froh, über die Kornblumen sprechen zu können, und ihr Gesicht wurde milder.

Ich trank mit einer Pastorin Tee, und wir aßen Gebäck. Sie gehen zu oft an unserem Haus vorbei.

Ich wusste nicht, was ich antworten sollte, goss uns Tee nach und lächelte.

Wir seien schon beim Du gewesen, antwortete ich.

Sie haben sich das Du erschlichen. Gehen Sie nicht so oft vorbei. Die Nachbarn sehen das.

Das seien nur Abendspaziergänge, sagte ich.

Aber früh morgens sind Sie auch da. Warum tun Sie das?

Möchtest du noch? Ich schob ihr die Kekse hin. Wenn sie jetzt davon nahm, würde alles gut.

Sollen wir nicht über etwas anderes reden, Maria? Ich hätte mich so gefreut, dass sie mich habe besuchen wollen.

Marion, wenn Sie verliebt sind in meinen Mann, das geht vorüber. Und er braucht Ruhe.

Sie nahm einen Keks, alles würde gut.

Sie sind nicht die einzige, die ihm zusetzt. Er erhält anonyme Briefe, wir werden nachts angerufen und niemand meldet sich. Was Sie tun, ist harmlos dagegen. Das mit den Blumen vor unserer Haustür, das waren doch sicher Sie?

Wirklich hatte ich schon öfters sehr früh am Morgen Blumensträuße vor die Pfarrhaustür gelegt.

Waren die Blumen nicht schön?

Sehr schön, sagte Maria. Aber mein Mann liebt Sie nicht.

Ich goss uns Tee nach. Ja, dachte ich, was sollst du anderes glauben, Maria? und sie tat mir leid.

Mein Mann hat eine schwere Zeit. Er nähme sich seinen Glauben sehr zu Herzen, nähme ihn viel ernster als sie, sie glaube einfach, er aber müsse ringen, und das zehre an seinen Kräften. Und da hinein kämen diese Anrufe, die anonymen Briefe, sie wolle mir den Inhalt gar nicht anvertrauen, es sei gemein und hinterhältig, was dort stehe, und falsch.

Aber dein Mann ist stark, sagte ich. Er wird sicher leicht damit fertig.

Ach, Marion, vielleicht haben Sie recht.

Sie lächelte, nahm kurz meine Hand und klopfte darauf, sanft, wie man Hunde klopft. Wie wohl mir das tat!

Nicht weinen, Maria, nicht weinen! rief ich. Ich stand auf, ging zu ihr und legte meinen Arm um sie. Ihr Kopf mit dem kurzen, blonden Haar, der auf dem schlanken, fast dünnen Hals saß, kam mir vor wie ein Kinderkopf, und ich errötete bei der Erinnerung, wie ich einem Schüler einmal eine Kopfnuss gegeben hatte. (Damit hatte mein Sturz begonnen.) Und was, dachte ich, wenn ich jetzt auch diesem Kopf hier eine Kopfnuss gebe?

Sie machte sich los.

Sie müsse ab jetzt öfter kommen. Es sei sehr schön, mit ihr Tee zu trinken.

Marion, keine Blumen mehr, keine Spaziergänge. Ob ich ihr das versprechen wolle?

Ich nickte. Ich hätte übrigens einige Gedanken zum Buch Hiob niedergeschrieben, es sei, sagte ich, eine Art Predigt, die wolle ich ihrem Mann gerne zeigen.

Das sei keine gute Idee, antwortete sie. Vielleicht später, wenn ich meine Gefühle besser überschauen könne.

Lieben Sie Ihren Mann? fragte ich in der Sie-Form.

Ich hatte sie überrumpelt, sie zögerte, sie überlegte, ich sah es genau. Und hinter meiner besorgten Fassade begann ich zu jubilieren.

Ja, sagte sie mit ernstem Norddeutschengesicht. Aber es sei manchmal schwer. Manchmal müsse sie mit sich kämpfen, damit sie ihn lieben könne. Aber das sei normal. Gott mache uns nichts einfach, doch das habe seinen Sinn.

Ob ich ihr jetzt vorlesen dürfe, was mir zu Hiob eingefallen sei? Vielleicht könne sie es dann ihrem Mann erzählen?

Was tropft da? rief Maria plötzlich mit Kanzelstimme, wischte sich übers Gesicht und streckte die Hand aus. Was ist das? Regnet es durch bei Ihnen?

Ja, sagte ich, das Dach sei undicht, und ich hätte kein Geld, es zu reparieren. Ein Tropfen fiel in ihre Tasse, genau in die Mitte, und konzentrische Kreise wanderten zum Tassenrand.

Auch sie hatte es gesehen. Schön, nicht?

Ja, antwortete die Pastorin. Nun aber müsse sie gehen. Sie bedanke sich für den guten Tee, für das schmackhafte Gebäck.

Wenn ich das Dach repariert habe, besuchen Sie mich dann wieder?

Ja, sagte sie, wenn Sie aufhören mit den Spaziergängen und den Blumen.

Sie zögerte, dann umarmte sie mich kurz. Ihr warmer, tröstender Körper tat mir gut, und von dieser Umarmung verführt, versprach ich es.

Aber in die Kirche darf ich doch kommen? Wer dürfte das verbieten? antwortete sie.

Als sie fort war, ging ich zurück ins Wohnzimmer. Ich wollte jetzt nicht mit meiner Mutter sprechen und setzte mich in den Lehnstuhl. Das hilft, denn dann kann sie dort nicht sitzen.

Er ringt also mit dem Glauben. Genau wie du.

Eine Weile saß ich so da. Ich hielt mich sehr gerade. So gerade hatten weder mein Vater noch meine Mutter jemals auf diesem Stuhl gesessen.

Plötzlich spürte ich das Verlangen, der Besucherin nachzulaufen, sie wieder mit Du anzureden, und zu gestehen, dass ich auch das andere gewesen war, die Anrufe und die Briefe.

37

Peitsch hat mich zu sich ins Kabuff zitiert. Eine Kundin hat sich bei ihm über mich beschwert. Ja, wir seien in einen witzigen Dialog geraten, von dem sie ganz begeistert gewesen wäre, zitierte Peitsch die Kundin. Dann aber sei ihr aufgegangen, wie unverschämt und beleidigend ich gewesen sei, und dass sie sich das von einem Schlotzen-Weib nicht gefallen lassen würde.

Was haben Sie denn gesagt? fragte Peitsch.

Das weiß ich nicht mehr, antwortete ich. Ich war heiter, fast übermütig, und ich hatte, während ich vor dem kleinen Schreibtisch stand, in dem winzigen Raum, ein Gefühl, das ich öfters habe in letzter Zeit. Dass mir nichts geschehen kann, dass ich unverwundbar bin, so als hätte ich einen mächtigen Helfer, der mir zur Seite steht. Oder mich sogar lenkt.

Die Kundin soll sich nicht so haben! Vielleicht sei es etwas aus dem Buch Hiob gewesen, das ich im scherzhaften Ton ihr gegenüber geäußert hätte, aber das sei aus der Bibel, und wer sich durch die Bibel beleidigt fühle, sei selber schuld!

Nicht so laut, sagte Peitsch, sonst könnten mich Kunden im Laden hören.

Ach, Peitsch, wie bist du klein und feige!

Ich gelobte Besserung, ich wolle mehr auf meine Worte achten, das flüsterte ich fast und Peitsch sagte: Wie? und Sprechen Sie doch lauter!, doch ich flüsterte nur noch leiser.

Verarschen kann ich mich selber! schrie er mich plötzlich an. Mir fiel ein, dass er mein Chef war. Trotzdem trieb es mich, ihm eine witzige Antwort zu geben, so wie ich es mit den Kunden mache. Tu es nicht, dachte ich, und hätte es doch getan, aber aus dem Laden ruft Gülcan: Zweite Kasse! Zweite Kasse, und ich stürze hinaus, an die Kasse.

Morgen ist Sonntag und ich werde ihn wieder sehen.

Als ich spät abends am Pfarrhaus vorbeikam, brannte Licht in allen Zimmern, dann, eine halbe Stunde später, nur noch bei ihm. Kurz nach zwölf war auch sein Licht gelöscht.

Ich ging nach Haus und wollte schlafen wie er.

Ich kam etwas später, nachdem der Gottesdienst schon angefangen hatte, damit er mich nicht an der Tür begrüßen musste. Ich setzte mich neben eine alte Frau, die ganz hinten saß. Das wunderte mich, denn die alten Frauen sehen und hören oft schlecht und wollen weit nach vorne, um nichts zu versäumen, und um den Pfarrer zu sehen, in den sie alle verliebt sind.

Die Kirche war voller als sonst, und ich fragte mich, ob heute ein kirchlicher Feiertag war.

Es ist heute so voll, sagte ich zu der alten Frau neben mir, ist heute etwas Besonderes?

Die Frau wandte sich mir zu. Es war eine Nachbarin, die ich sonst in der Kirche noch nicht gesehen hatte, eine Witwe. Immer wenn sie an meinem Haus vorbeikommt, bleibt sie stehen und sieht zum Dach hinauf, manchmal seufzt sie dann oder schüttelt den Kopf, ehe sie weitergeht. Tante Elisabeth hieß sie in meiner Kindheit, sie hatte ab und zu auf mich auf gepasst, wenn meine Mutter arbeiten war. Damals mochte ich sie, weil sie jung war und gut roch, und nur manchmal hatte ich Angst vor ihr, wenn ich nicht gehorchen wollte und sie mir drohte, sie würde den Herrgott rufen und der würde mich holen. Nein, heute sei kein besonderer Tag, antwortete sie. Ein Geruch von Mottenkugeln ging von ihr aus und ihre Augen waren rot und entzündet.

Ach, du bist es, Marion, was tust du denn in der Kirche?

So laut hatte sie gesprochen, in die Worte des Pfarrers hin ein, dass sich andere Besucher umdrehen nach uns.

Nicht so laut, Tante Elisabeth, flüstere ich. Plötzlich reden wir wieder miteinander, aber ich weiß nicht, ob ich darüber froh sein soll, und sehe auch, dass ihre Bluse zerrissen ist, und sie hat Flecken auf der Jacke!

Was ich in der Kirche mache? Ich sei die Geliebte des Pfarrers und nutze jede Gelegenheit, ihm nahe zu sein!

Ich hatte sie frotzeln wollen, sie aber sperrte Mund und Augen auf und glaubte alles sofort.

Wir sangen. Trotz der quäkenden alten Stimmen tat mir der Gesang sehr wohl, ja, solange wir sangen, hätte es mir nichts ausgemacht, auch eine dieser alten Frauen zu sein, die kaum noch etwas haben außer dem Sonntag. Aber das kam von der Musik.

Dann stieg Johannes auf die Kanzel, und von dort aus sah er mich. Ich konnte sein Gesicht aus der Entfernung nicht erkennen, aber er blickte in meine Richtung und stutzte, räusperte sich. Gleich wird er dich ansprechen, von der Kanzel aus, dachte ich, und war glücklich über diesen Gedanken und hielt ihn kaum aus.

Aber er hielt die Predigt über die Heimkehr des Verlorenen Sohnes, und mit so ruhiger Stimme erzählte er vom Verzeihen, dass ich fürchtete, ich müsste weinen, und ich trat aus der Bankreihe und lief hinaus ins Freie.

Ich sog die kühle Luft ein und wurde ruhiger. Vielleicht hatte er den Brief mit meinen Anmerkungen zu Hiob bereits bekommen, und er würde sich melden bei mir, um mit mir darüber zu sprechen. Ich hatte geschrieben, dass ich Hiob zu passiv fände, dass er die Initiative hätte ergreifen müssen, sich wehren gegen die Wette, auf das Unmoralische daran hinweisen, nicht nur Gott, sondern auch den Satan zur Verantwortung ziehen. Was aber, wenn er meine Gedanken verwirft? Sie zum Vorwand nimmt, mich nicht zu lieben?

Fühlen Sie sich nicht wohl? Ist alles in Ordnung?

Doch, sage ich, es gehe mir gut. Sind Sie mir nachgekommen mitten in der Predigt?

Ich hatte die Befürchtung, dass es Ihnen schlecht geht. Vielleicht brauchen Sie ärztlichen Rat.

Eben noch hatte ich Tante Elisabeth verachtet, weil sie Flecken auf ihrer Jacke hat und es nicht bemerkt, nun sehe ich auf meiner eigenen Jacke einen großen, deutlichen Fleck. Du bist auch eine alte Frau.

Wieso ärztlichen Rat? lache ich.

Sie haben geweint und sind hinausgerannt. Vielleicht ist es besser für Sie, wenn Sie nicht mehr in unsere Kirche kommen. Sie könnten in die Nachbargemeinde gehen, es geht sonntags ein Bus.

Sie berührt mich und sieht mir in die Augen, und ich denke: Wenn ich Maria immer um mich hätte, als Freundin, dann brauchte ich die Liebe von Johannes nicht. Aber das ist Verrat. Und wenn die meisten Menschen auch alles und jedes verraten, so bin ich anders. Aber Verrat und Lüge sind zweierlei, und ich höre mich sagen: Ja, das ist eine gute Idee. So kann ich mich Gott nähern und nicht Ihrem Mann. Und ich lache, und sie auch. Wie viel Witz, wie viel Humor, wie viel Verstellung habe ich doch in den letzten Wochen beim Spiel mit den Kunden gelernt!

Und mitten hinein in unser befreites Lachen umarme ich sie und bedanke mich.

Wenn sie mir die Buszeiten zur anderen Kirche heraussuchen könnte, sage ich noch in der Umarmung, mein dünner Körper an ihren volleren geschmiegt, ja, denke ich neidisch, sie hat den Vorteil der Liebe, dann wäre ich ihr sehr dankbar.

So etwas sagt man nicht, ich weiß, aber es ist ein Test.

Die Pastorin stutzt, ich fühle etwas wie Grimm in der Bewegung, mit der sie sich losmacht, doch als sie weit genug entfernt ist, so dass ich ihr Gesicht sehen kann, zeigt es schon wieder ein Lächeln: Ja, Marion, das werde ich für Sie tun.

Und Sie tun etwas für mich und gehen zu einem Arzt.

Das ist nicht nötig, sage ich und stelle ihr eine Falle: Wenn ich mich fernhalte von Ihrem Mann, wenn ich ihm nicht mehr auflaure, dann braucht es vielleicht keinen Arzt. Was meinst du? Und gleich entschuldige ich mich für das Du.

Sie mustert mich, wie jemand jemanden mustert, den er lange unterschätzt hat.

Ja, dann braucht es vielleicht keinen Arzt.

Sie ging auf die Kirchentür zu und öffnet sie, Orgelmusik braust heraus, stark und bezwingend, dass man sofort an Gott glaubt.

Ich aber muss draußen bleiben (wie ein Hund vor dem Metzgerladen) und rufe ihr nach, in die Orgel hinein:

Ich habe Ihrem Mann wieder einen Brief geschrieben, mit Gedanken zu Hiob darin. Er solle ihn ungelesen zerreißen.

Aber gegen die Orgel komme ich nicht an, und sie hat mich nicht gehört, und nun schließt sich die riesige Tür und die Orgel wird leiser.

Und es geschah, dass die Gottessöhne kamen, und traten vor den Herrn, und unter ihnen kam auch der Satan. Da sprach der Herr zum Satan ... Nie hätte er mit dem Satan sprechen dürfen, denn wenn Satan reden darf, gewinnt er die Oberhand. (Soviel zum Wort).

Als ich meine Haustür aufschließe, erreichen mich die Glocken. Drei Sekunden braucht der Schall für einen Kilometer.

38

Ich weiß nicht, was ich von Gülcan halten soll. Ich habe ihren Verlobten doch erlebt. Ich habe sie so oft weinen sehen, über ihr Schicksal, über ihren mangelnden Mut, sich dagegen zu stemmen. Nun erzählt sie nur noch von Hochzeitskleidern und wie viele Gäste kommen werden, wie sie die Königin sein wird an ihrem schönsten Tag.

Gülcan, sage ich ihr, was kommt nach diesem Tag?

Aber wer bin ich denn, jemandem mit Vernunft zu kommen. Und es fällt mir auch schwerer, ihre Geschichten zu teilen. Gülcan, frage ich sie, was freust du dich so darauf? Ist denn der Bräutigam ausgetauscht worden?

Und merkt sie nicht, dass, wenn die Kunden wieder aus bleiben, jetzt nicht ich, sondern sie wird gehen müssen, sie, die so gerne hier arbeitet.

Und wenn er dich mitnimmt in die Türkei? Früher sagte sie immer, das sei ihre größte Angst.

Ach, antwortet sie, meine Familie braucht doch das Geld, das ich hier verdiene, die wollen, dass ich hier bleibe und arbeite.

Gülcan, wir könnten Konkurrentinnen werden, habe ich ihr einmal gesagt.

Sie hatte nachgedacht und gelacht: Aber Freundinnen werden wir doch immer bleiben! und sie hatte mich umarmt. Und doch fragte ich mich, wessen Umarmung mir lieber ist, die einer Kassenassel aus dem Schlotzen-Markt oder die einer Pastorin. Ich sollte mich schämen für solche Gedanken. Das ist Hoffart. Das ist das, was Johannes mit Hoffart gemeint hat in seiner Predigt. Überheblichkeit und falscher Stolz.

Und was ist mit deiner Liebe? Und Gülcan nimmt mein Gesicht, als gerade niemand im Laden ist, und zwingt mich, sie anzusehen – wie man es bei Kindern macht, wie ich es gemacht habe in der Schule, aber bei mir war es Ernst, bei Gülcan ist es ein Spiel.

Marion, wann heiratest du?

Wenn doch ein Kunde käme oder Peitsch und ich nicht antworten müsste!

Wir lieben uns, sage ich.

Auch so? und Gülcan macht mit Daumen und

Zeigefinger ein Loch und steckt den anderen Zeigefinger hinein und fährt damit vor und zurück.

Ja, auch so.

Erzähl! Wie nimmt er dich?

Er sei verheiratet, sage ich, und wir müssten uns heimlich treffen. Aber wenn es so weit sei, würde er sich trennen von ihr. Dann würden wir glücklich und zufrieden leben, bis an unser seliges Ende.

Gülcan nickt. Aber sie hat es ja gar nicht verstanden.

Am Abend war Post da, mein eigener Brief. Mein Brief war zurückgekommen. Ich riss ihn auf, tat so, als sei er an mich gerichtet, und dachte mir aus, es sei ein Liebesbrief. Es waren meine Anmerkungen zu Hiob. „Annahme verweigert" war auf den Umschlag geschrieben.

Ich weinte, aber nicht viel. Dann wurde ich zornig. Dann ganz ruhig, und ich stellte mir vor, wie es gewesen sein musste: Gib mir den Brief! hatte er gerufen. Sie aber hatte den Brief hinter ihrem Rücken versteckt, so dass er ihn nur mit Gewalt von ihr hätte haben können.

Nein, sagte sie, (unbarmherzig wie Gott bei der Wette) nein, den bekommst du nicht, der geht zurück. Ich lasse mir nicht in meine Ehe pfuschen. Oder liebst du sie etwa?

Mach damit, was du willst, sagte er und ging in sein Arbeitszimmer. Sie aber schrieb „Annahme verweigert" auf den Umschlag und ging noch am selben

Abend hinaus und warf ihn in den Kasten. Als sie zurückkam, sagte er zu ihr: Weißt du, dass sie sich rächen könnte?

Vor der Macht von Vorstellungen muss man sich hüten. Ich liege im Bett: Ganz ruhig jetzt, die Glieder entspannen, die Atmung geht sanft, das Haus knistert leise, es zieht sich in der Nachtkühle zusammen, ein Mond scheint zum Fenster herein, der kleine Hävelmann, die Mäuslein tanzen im Mondstrahl, ich träume. Nein, den Rachetraum will ich nicht!

Man kann seine Träume lenken. Wenn schlimme Träume kommen, kann man sie ändern, sogar im Traum selbst. Nachts dringe ich in sein Haus ein und entführe ihn, (eben hatte ich ihm noch wehtun wollen). Er aber lächelt mir zu, legt den Finger an meinen Mund, damit wir leise sind. So können wir aus dem Pfarrhaus entkommen. Aber ganz kann ich meinen Mund nicht halten, und ich wispere: Johannes, immer mehr glaube ich jetzt an Gott! Und er küsst mich dafür.

39

Ich habe eine Dummheit gemacht.

Wieder strömten die Kundinnen, und auch die, die sich beschwert hatte, war darunter. Mit allen scherzte ich ein wenig, wenn sie zu mir an die Kasse kamen.

Gegen elf nahm der Strom der Kunden ab. Die letzte halbe Stunde war auch Peitsch im Laden gewesen, Peitsch und noch ein anderer, jüngerer Mann, und sie hatten mich beobachtet an der Kasse. Ich hatte mich darüber geärgert und es mit den Kunden nur noch toller getrieben.

So, sagte Peitsch, nun ist es leerer, nun reicht eine Kasse.

Ich aber solle zu ihm ins Büro kommen.

Im Kabuff ist es eng, und der Mann, den Peitsch sehr zuvorkommend behandelt, macht einen Witz darüber, als er mich anstößt: Dass er immerhin mit mir zusammengestoßen sei, und nicht mit Peitsch, und wir lachen zu dritt über seinen Scherz. Dann wird er wieder ernst.

Herr Peitsch hat Sie vorgeschlagen. Vor einigen Wochen hat er mir nahegelegt, Sie zu entlassen. Jetzt hat er Sie vorgeschlagen. Herr Peitsch wird demnächst andere, größere Aufgaben übernehmen. Aber wir wollen diese Filiale erhalten, und suchen eine Leiterin. Trauen Sie sich das zu?

Das und mehr, antwortete ich.

Das und mehr? wiederholt der junge Mann lächelnd. Was ist mit Ihnen passiert? Was hat das bewirkt, Frau Melzian?

Ich weiß nicht, was ich antworten soll und will lügen, und dann drängt es mich und ich will darüber sprechen und die Wahrheit sagen: Die Liebe.

Es ist uns völlig wurscht, lacht Schweizer, was Sie so motiviert. Wichtig ist, dass Sie motiviert sind und sich die Aufgabe zutrauen.

Ja, das traue ich mir zu. Ich würde aber um Bedenkzeit bitten, denn ich wüsste noch nicht, ob ich nicht ein Studium beginnen solle, Theologie, am Tübinger Stift.

Sie lachen, und ich verstehe erst nicht, aber sie halten meine Antwort für einen Scherz.

Schweizer schlägt mir auf die Schulter: Sie sind mir eine! Bedenkzeit drei Tage. Und lachend verlassen sie das Kabuff. Peitsch aber hat nur aus Höflichkeit gelacht, ich hab es gemerkt!

Später, nach Feierabend, als wir die weißen Kittel ausziehen, frage ich Gülcan: Gülcan, möchtest du, dass ich deine Chefin werde?

Du hast zugenommen, sagt sie plötzlich, und umarmt mich, du bist schöner geworden!

Am Abend wollte ich bei Johannes anrufen und ihn fragen, was er meine zu unserem Problem: Dass ich vierzig bin, und wenn wir Kinder wollten, und das wolle ich, dann liefe die Uhr, und wir müssten uns bald entscheiden … Kein Anschluss unter dieser Nummer, sprach mir eine weibliche Computerstimme ins Ohr. Das ist Marias Werk, fast klang die Computerstimme wie ihre.

Es machte mir nichts aus, ich war in Hochstimmung.

Die Post hat mir einen Brief gebracht, und es ist keiner von den „Annahme verweigert" Briefen, die sich in der Diele auf dem Tischchen stapeln. Rechtzeitig, denn die drei Tage Bedenkzeit des kleinen Herrn Schweizer laufen, ist Post aus Stuttgart gekommen. Ich bin eingeladen, die Fahrtkosten würden erstattet, und meine Ausführungen zu Hiob seien frisch und interessant. Jedenfalls könne man, wenn ich käme, über alles reden, und ja, generell gebe es keine Altersbeschränkung beim Theologiestudium. Meine Berufserfahrung als Lehrerin könne dabei nützlich sein. Sei es nicht seltsam, schloss der Brief, dass wir, ich und er, denselben, gar nicht so häufigen Nachnamen führten? Mit besten Grüßen, Dr. Jörn Melzian, Dezernent beim Landeskirchenausschuss.

Peitsch hat mir den Nachmittag freigegeben. Er wird anwesend sein in der Filiale und aushelfen, wenn Gülcan es nicht schafft. So nett ist Peitsch zu mir! Er tut es, weil er mich auf dem Filialleiterposten braucht.

Was haben Sie denn Ungewöhnliches vor? will er wissen.

Kaum saß ich im Bus, kam mir mein ganzes Leben unwirklich vor, wie so oft auf Reisen. Man denkt über die Millionen Richtungen nach, in die man sein Leben steuern kann – oder gesteuert haben könnte. Ein Meer von Möglichkeiten, das Angst macht. Vielleicht deswegen klammert der Mensch sich an starke Kräfte, die verhindern sollen, dass er sich verliert wie ein Wassertropfen im Ozean; Kräfte wie Liebe oder Gott.

In Stuttgart waren diese schwarzen Gedanken verflogen, und ich betrete fast übermütig den wilhelminischen Bau, in dem die Kirchenbehörden sitzen. Wenn Gott mit uns ist, wer könnte gegen uns sein? steht an der Wand, und darunter dasselbe auf Lateinisch.

Dr. Melzian erwartet Sie, Frau Melzian.

Der Pförtner zwinkert mir zu. Ich sehe ihm an, wie griesgrämig, wie verbittert er ist, aber mir zwinkert er zu! So wie du bist, so werden auch die anderen; diese Macht hast du: Die Umwelt nach deinem Bild zu formen.

Dr. Melzian wartete bereits vor seinem Büro, und als ich näher komme, ist es ein jovialer Glatzkopf, eher ein Catcher als ein Geistlicher.

Melzian. Er lächelt über seinen Namen, als sei es ein Witz, und schüttelt mir die Hand mit starkem Affengriff. Ich aber mache es anders, als er denkt:

Pavian, antworte ich.

Wie?

Bei der Beerdigung meiner Mutter habe der Pfarrer sie mehrfach Pavian genannt, aus Versehen.

Er bricht in Lachen aus. Ja, denke ich, so fröhlich soll man als Geistlicher sein.

Sie wollen also Pastorin werden, noch einmal studieren und Pastorin werden?

Das hätte ich doch schon geschrieben. Ich glaubte seit einiger Zeit an Gott und wolle ihm dienen.

Er habe es noch einmal von mir persönlich hören wollen.

Falls es mich interessierte, warum auf dem Schild vor seinem Büro Dr. Dr. stünde. Ja, er sei tatsächlich Doktor der Theologie und Doktor der Psychologie. Den letzteren Titel aber würde er weglassen im Außenverkehr, es höre sich nach Angeberei an und würde die Leute verschrecken: Wer brauchte denn Psychologie, wenn er an Gott glaubt?

Ich pflichtete ihm bei.

Sollen wir zuerst über Ihre Studienpläne und Ihre Auslegung des Buches Hiob oder über die Schmiereien an der Kirchenwand reden? Er schlage Letzteres vor, dann habe man das erledigt.

Er nimmt ein Blatt Papier in die Hand. Er wisse auswendig, was an der Wand der Kirche in Bretten mit roten Buchstaben stehe. Aber man müsse korrekt sein und so wolle er es mir vorlesen: Der Pfarrer glaubt nicht. Das stünde an der Apsis. Der Pfarrer ist ein Heuchler, linke Kirchenwand. Der Pfarrer ist gottlos, rechte Kirchenwand.

Aber das sei doch längst, schon einen Tag danach, wieder weiß überstrichen worden! rufe ich.

Haben Sie das geschrieben? Ja, antworte ich trotzig.

Das Gespräch wurde seltsam. Aber das konnte gar nicht sein, so gemütlich saßen wir beisammen und tranken Kaffee! Sie haben mich mit Lob hierher gelockt. Sie haben meinen Hiob gelobt und mich hergelockt. Das ist nicht christlich, das ist unehrenhaft.

Vielleicht, antwortete Melzian nach kurzem Nachdenken. Aber unser Pastor hat uns um Hilfe gebeten und wir mussten handeln. Johannes ist sehr empfindlich, ich kenne ihn von früher.

Aber er ist schwach, rief ich, zu schwach, seine Liebe zuzugeben!

Ob ich noch Kaffee wolle, fragte Melzian, nun wieder lächelnd.

Wenn Sie ihn lieben, sagte er, als ich trank, warum verleumden Sie ihn dann?

Ich setzte die Tasse ab.

Um ihn wachzurütteln!

Aber ob ich wüsste, was eine Stalkerin sei?

Jetzt war das Wort gefallen, vor dem ich mich in den letzten Wochen so gefürchtet hatte. Und das nicht stimmt in meinem Fall. Und doch, wie soll man sich wehren gegen solch ein heimtückisches Wort?

Wie soll ich mich wehren gegen dieses Wort? rief ich laut.

Melzian legte den Finger an seinen Mund. Pst! Nicht so laut. Wussten Sie, dass er die Pfarrstelle aufgeben wollte, noch bevor Sie aufgetaucht sind? Ich habe ihn damals überredet zu bleiben. Weil er ein guter Pfarrer ist, ein guter Seelsorger, auch wenn seine eigene Seele von Zweifeln gequält wird. Seit den Schmierereien allerdings bekomme er Briefe. Gemeindemitglieder wollten wissen, ob etwas dran sei an den Schmierereien. Denn einen Pfarrer ohne Glauben wollten sie nicht.

Einen kurzen Moment dachte er nach.

Hat er etwa, fuhr er donnernd fort, die Adern an den Schläfen vor Zorn geschwollen, hochrot im Gesicht: Hat er Ihnen etwa von seinem Ringen um den Glauben erzählt, und Sie haben das aufs Gemeinste, aufs Heimtückischste ausgenutzt? Seinen Zweifel als Gewissheit an die Kirchenwand geschmiert? Wer tut so etwas, wenn nicht eine Stalkerin!

Ich hätte mich geärgert, weil er mich nicht sehen wollte, antwortete ich mit fester Stimme, doch innerlich bebend. Er habe meine Anrufe, meine Briefe nicht angenommen, mir nach dem Gottesdienst nur flüchtig die Hand gedrückt, ohne mich anzusehen; da hätte ich ihm aus verschmähter Liebe einen Streich spielen wollen. Ich kennte ihn von früher, aus Berlin. Damals habe er einen guten Streich, ja auch böse Streiche durchaus zu schätzen gewusst! Von seinem Ringen, seinem Zweifel hätte ich nichts gewusst.

Und so kühn trage ich meine Sache vor, dass Melzians Zorn in sich zusammenfällt, und er klein und sanftmütig vor mir wird, und ich innerlich triumphiere und fast erzähle, wie schön ich geworden bin durch meine Liebe. Nein, denke ich, sag es ihm nicht, geh zu Johannes und zeige dich ihm.

Bitte, bitte, halten Sie sich von ihm fern. Wenn Sie ihn lieben, halten Sie sich fern von ihm.

Wie kann man sich fernhalten von jemandem, den man liebt? Und ich will schon einen Vergleich anstellen und ihn Melzian unter die Nase reiben: Würde er das auch in Beziehung auf Gott sagen, dass man sich von ihm fernhalten soll, wenn man ihn liebt? Dann hätte ich ihn gefangen. Aber ich tue es nicht, Johannes zuliebe.

Gut, sage ich, ich will es versuchen. Gott zuliebe.

Glauben Sie denn? fragt er misstrauisch, hat etwa Johannes Sie zum Glauben geführt?

Er ist ganz aufgeregt, als er das sagt.

Ja, antworte ich, fast. Und ich prüfe mich noch einmal, bevor ich es wiederhole. Ja, fast.

Er greift in die Schreibtischschublade und holt einen Umschlag hervor.

Hier seien die Unterlagen, die ich ausfüllen müsste, wenn ich es ernst meine mit dem Studium. Und das Lob zu meinen Gedanken zu Hiob habe er ehrlich gemeint.

Wenn ich alle Anforderungen erfüllte, frage ich, könne ich dann auch ins Stift? Halten Sie sich an Ihr Versprechen?

Ich will es versuchen, sage ich und gebe ihm die Hand.

Alles Gute.

Morgen muss ich mich entscheiden, für die Filialleiterstelle oder das Studium. Wie gern würde ich Johannes dazu befragen!

40

Ob ich noch Altgriechisch und Hebräisch lernen kann? Beides braucht man fürs Theologiestudium. Gott wird mir helfen. Völlig nackt, völlig hilflos setze ich mich seinem Willen aus. Soll er mit mir machen, was er will. Ich werde ihn studieren.

Ich habe mein Abiturzeugnis vom Dachboden geholt. Fast lauter Einsen stehen darin. Ich war eine gute Schülerin, und obwohl es die Person von damals schon längst nicht mehr gibt, bin ich doch stolz auf mich.

Seit meiner Rückkehr aus Stuttgart scherze ich übrigens anders mit den Kundinnen, wehmütiger. Meine Scherze kreisen um Abschied. So melancholisch? fragen die Kundinnen und sie lachen anders als sonst.

Wie bist du? fragt Gülcan. Erzähl!

Ich schüttle den Kopf

Mir ist auch ganz komisch, sagt sie. Ihre Begeisterung über die Hochzeit ist verflogen. Heiraten sei so ein Abschied! Ob wir nicht, sie hätte das in einem Film gesehen, ob sie und ich nicht an einem Abend nach Balingen fahren könnten und uns Männer-Striptease ansehen. Dort gebe es gerade die Golden Boys, sie habe das Plakat gesehen. Ich schüttle den Kopf.

Doch zur Hochzeit kommst du, ja? Ich brauche dich dort! Da kommt Peitsch, sage ich.

Peitsch und Schweizer kamen herein.

Heute ist der dritte Tag. Heute will ich zu Johannes gehen und ihm sagen, ich gebe ihn frei. Und dass er mich, wenn er es wünscht, nie wieder sehen wird. Ich bin schöner geworden durch dich, werde ich sagen, aber ich sei zum Verzicht bereit.

Was weinen Sie denn? fragt Schweizer lachend und legt mir die Hand auf die Schulter. Haben Sie sich entschieden?

Ja, sage ich, ich sei bereit. Warum habe ich das gesagt? Gratuliere! Gülcan kommt und fällt mir um den Hals.

So kurz davor, das verfluchte Wort abzustreifen wie eine alte Haut, das Wort Stalking, so dicht daran, Johannes aufzugeben, trauere ich bereits der Zeit nach, zu der alles einfach war. Weil ich Gewissheit habe, weil ich weiß, es gibt nur meinen Geliebten und sonst nichts – außer vielleicht noch Gott.

41

Ich habe bei meinen Kleidern nichts Passendes gefunden, und da ich mir nichts Neues kaufen konnte, weil immer das Dach mich ruft: Flick mich, flick mich!, bin ich an den Schrank meiner Mutter gegangen. Ja, dieses grüne Kleid, das sie noch vor ihrer Heirat getragen hat, werde ich anziehen.

Es ist sieben Uhr, um acht will ich dort sein, Gülcan wohnt in einem Nachbardorf, und ich werde zu Fuß hingehen. Gefeiert wird aber nicht zuhause bei ihr, sondern in einer Schulturnhalle. Die Halle sei sogar zu klein für all die Gäste, hat Gülcan geprahlt.

Während ich mich vor dem Spiegel drehte, stärker geschminkt als sonst, wurde ich angesteckt von Gülcans Leichtsinn, freute ich mich plötzlich auf diese Feier, die doch, wenn sie vorbei ist, nur Unglück bedeuten kann.

Vielleicht war es dieser Übermut (ich summte vor mich hin und fand mich schön): Ja, später dachte ich, dieser Übermut hat den Brief gebracht. Denn ich hörte den Briefschlitz klappern, aber die Post kommt bei uns am Morgen, und ich sah nicht nach, was eingeworfen worden war, sondern lief zum Fenster, um zu sehen, wer es gebracht hatte. Es war ein Mann, der sich hastig entfernte, sein Gang unendlich schön. Du musst ihm nachlaufen, dachte ich, alles stehen und liegen lassen, dort läuft dein Glück. Aber er war schon verschwunden, und ich hatte keine Schuhe an.

Ich ging in die Diele und wusste doch schon alles. Ja, dort lag ein Brief, ja, es war seine Handschrift, ich hatte ja ein Blatt mit Notizen heimlich aus seinem Arbeitszimmer genommen und es tagelang bei mir getragen.

So lange hast du mich warten lassen, sage ich zu dem Brief, und obwohl mein Gefühl mir befiehlt, ihn gleich zu öffnen, zwinge ich mich zu sagen: So, nun lasse ich dich einmal warten, und ich packe meine hochhackigen Schuhe in eine Plastiktüte, denn ich kann nicht zur Turnhalle laufen in ihnen. Ich stecke den Zwanzig-Euro-Schein in meine Handtasche, man klebt auf türkischen Hochzeiten das Geld an die Wand. Als ich mich plötzlich ein wenig fürchte vor diesem seltsamen Fest, denke ich an den Brief. Und das macht mir Mut, die Hochzeit zu ertragen. Und mein Übermut ist wieder da, und als ich das Haus schon verlassen habe, gehe ich noch einmal zurück und sehe den Brief auf der Kommode liegen, und tausche den Zwanzigerschein gegen einen Zehner, denn ich habe nicht viel Geld, Gülcan, das Dach, weißt du, und selbst wenn ich Filialleiterin werde, da reicht auch das kaum aus.

Und während ich durch den Abend gehe, stelle ich mir wieder und wieder den Brief vor. Und ich summe eine Melodie vor mich hin, und weiß nicht, was es ist; etwas in Moll, vielleicht ein Kirchenlied. Und wenn in dem Brief etwas Schönes steht, dann fühle ich mich nicht an mein Versprechen gebunden und ich werde mit ihm gehen, wohin er will.

42

Ich gebe allen Tagen Namen, abends, wenn sie fast zu Ende sind. Diesen wollte ich „Hochzeitstag" nennen. Nun aber, auf dem Weg zu Gülcans Hochzeit, nenne ich ihn „Brieftag", und es ist mein Tag, nicht nur Gülcans, das ahne ich.

Aus der Turnhalle dröhnt laute Musik und der Eingang, ja, das ganze Gebäude ist mit bunten Lichterketten geschmückt. Als ich von der Arbeit kam und zuhause war, hatte man die hupende Autokarawane durch den Ort fahren hören.

Nun stehen geschmückte Wagen auf dem Turnhallenparkplatz, und so viele sind es, dass ich mich durch sie hindurchwinden muss, um zum Eingang zu gelangen. Der Brautwagen steht dem Gebäude am nächsten, ein alter amerikanischer Straßenkreuzer, und in seinem Schatten wechsle ich meine Schuhe. Er ist mit weißen Girlanden geschmückt, ja, denke ich, auch bei uns ist die Brautfarbe weiß, und dann fällt mir unsere Reise nach Tübingen ein. Und auch ihr Bräutigam fällt mir ein, und ich will nicht mehr hinein in die Turnhalle, sondern umdrehen und nach Hause gehen. Aber der Brief macht mich stark, und mit erhobenem Kopf schreite ich auf den erleuchteten Schlund des Eingangs zu.

Alles ist voller Blumen. Du hast die Blumen vergessen, denke ich.

Aber Gülcan ist so aufgeregt, so glücklich sei sie, sagt sie mir ins Ohr, dass sie es gar nicht bemerkt. Ihr Bräutigam reicht mir lächelnd die Hand. War das der Hooligan, der Gülcan an den Haaren gezogen hat? Wie er in seinem Anzug vor mir steht, scheint er gereift in der kurzen Zeit, kein junger Bursche mehr, nein, ein junger Mann. Dann schwemmt mich die Woge der nachströmenden Gäste hinein in den Saal.

Die Musik spielt laut, türkische Musik, aber auch Evergreens aus den Fünziger-, Sechzigerjahren, und die Diskokugel blendet mich, die Pailletten auf den Jacken der Musiker, den Kleidern der Frauen – ich kenne keinen Menschen und höre nur Türkisch. Ach, Sie sind auch hier, Marion? spricht mich jemand an, als ich vor der Stellwand stehe, wo man die Geldspenden anheften soll, und gerade hatte ich verstohlen meinen Schein anstecken wollen, den einzigen Zehner, und das ist mir peinlich, aber Gülcan, das Dach!, und nun bin ich ertappt und tue, als schaute ich bloß, was die anderen gespendet hatten.

Ja, wir sind Arbeitskolleginnen, die Braut und ich. Ich drehe mich um im Gewühl, im Lärm der Musik.

Schön, jemand Bekanntes, sagt Maria und kommt näher, damit ich sie verstehe. Johannes käme später nach, er habe noch zu tun. Melzian habe ihr von dem Gespräch erzählt. Sie freue sich so über mein Versprechen!

Ich starre sie an. Wie kommen Sie hierher? frage ich höflich, und denke an den Brief, dessen Inhalt ihr sicher weh tun muss. Sie und ihr Mann seien vom Brautvater eingeladen worden.

Gülcan kennten sie gar nicht.

Wir sitzen am selben Tisch, ein junger Mann hat uns hingeführt, der Ungläubigentisch vielleicht, oder der für die, die nicht Türkisch sprechen.

Gülcan aber und ihr Bräutigam haben jetzt auf zwei Thronen Platz genommen.

Ein Stuhl an unserem Tisch bleibt frei, aber ich habe zwei Tischnachbarn, und ich würde nicht neben Johannes sitzen, wenn er noch käme. Maria hat das so eingefädelt, ich aber lächle innerlich dazu.

Du hast den Brief, dachte ich.

Johannes' Platz blieb leer.

Später gab es Bier und Wein zu trinken, jedenfalls an unserem Tisch, und ich tanzte mit meinem Tischnachbarn, einem Dachdeckermeister, der das Haus von Gülcans Verwandten eingedeckt hat.

Dann hielt ich es nicht länger aus ohne den Brief. Ich ging zu Gülcan, wünschte ihr alles Gute und verabschiedete mich. Ich allein kenne ihr Geheimnis. Ich trat hinaus in die kalte Nacht.

Anfangs ging ich noch langsam, die Tüte mit den Pumps in der Hand. Dann, außer Sichtweite, begann ich zu laufen. Keuchend erreichte ich mein Haus. Der Himmel war sternenklar. Kein Regen würde heute den Weg ins Innere finden.

43

Liebe Marion!

Ein Brief, dazu handschriftlich, wie altmodisch im Zeitalter der EMails, der SMS! Aber es ist auch altmodisch, was ich vorhabe. Außerdem bin ich eitel und bilde mir auf meine Handschrift etwas ein.

Ich sollte an meiner Predigt für den kommenden Sonntag arbeiten, den Uriasbrief hatte ich mir als Thema vorgenommen, stattdessen schreibe ich diesen Brief.

Du hast entscheidend in mein Leben eingegriffen. Über zwanzig Jahre habe ich mich mit Gott beschäftigt, über ihn geforscht und spekuliert, und das oft mit dem größten Vergnügen. Aber an ihn zu glauben, gelang mir nicht. Ich habe mit ihm um seine Existenz gerungen. Wer war der Sieger? Ich jedenfalls nicht. Durch Deine Schrift an der Wand hast Du mich in die Enge getrieben, und ich ziehe die Konsequenz. Nun, durch Dich (falls Du nicht nur ein Werkzeug bist) verwandle ich mich am Ende zurück in den Dandy, den Du einmal kanntest. Der alles „Wichtige" verabscheut und der der Welt Streiche spielt. Was ich vorhabe, ist solch ein Streich.

„Weißweintrinker" nannten wir uns damals, und während ich das hier schreibe, trinke ich Weißwein. Ich habe meine beste Flasche aus dem Keller geholt, die, die ich mit meiner Frau an unserem zwanzigsten Hochzeitstag trinken wollte; diesen herrlichen Wein trinke ich nun allein.

Ja, jetzt kann mich wieder an jede Einzelheit unserer Nacht erinnern, die mir doch völlig entfallen war. Ich sehe Dich wieder vor mir, deine vier kleinen Muttermale auf Bauch, Hals und Brüsten, so dass man, wenn man die Punkte verbindet, ein Kreuz erhält. Vielleicht ist Gott ja der bessere Weißweintrinker und spielt die besseren Streiche.

Es war schön, und ich musste mit mir kämpfen, das einzuhalten, was ich Dir gesagt hatte: Dass wir uns nicht wieder sehen würden. Aber ich war ein Dandy und fügte mich meinen Regeln. Glaube aber nicht, dass wir Weißweintrinker glücklicher waren: Das Dandytum ist nur eine elegantere Form des Unglücklichseins. Jedenfalls weiß ich noch, dass Du mich damals etwas gefragt hast nach dem kurzen Schlaf, in den ich gefallen war. Du sagtest, Du wüsstest nicht, ob Du geeignet seist für Deinen zukünftigen Beruf. Ich aber, ohne Dich zu kennen, habe Dir Mut gemacht. Das alles steigt jetzt wieder aus dem Schacht der Erinnerung nach oben.

Seltsam, dass ich einer Person, die mir zuletzt so geschadet hat, nun mein Herz ausschütte!

Man sollte sich im Leben nicht so viel Mühe geben, das meint der Dandy, der ich jetzt wieder bin, sollte öfter Fünfe gerade sein lassen; ich habe es nicht getan, und womöglich zwanzig Jahre vergeudet, in denen ich vor allem an Gott glauben wollte. Natürlich ist dabei Hoffart im Spiel, jemand, so brillant wie ich – da wäre es doch gelacht, wenn der es nicht auch schaffte, zu glauben. Aber das Objekt meiner Begierde hat mir eine Nase gedreht und dann Dich geschickt, um mir eins auszuwischen.

Das lass ich mir nicht länger gefallen, also gehe ich. Beleidigte Leberwurst, wird mein Gegenspieler, wenn es ihn gibt, natürlich sagen. Ich sage, genug geprüft (und für zu leicht befunden), ich habe keine Lust mehr. So sind wir Dandys eben: Anderen Streiche spielen ja, selbst Zielscheibe davon sein, nein.

Ja, Du hast mir geschadet, aber auch die Augen geöffnet. Und ich würde mich gar nicht wundern, wenn nun Du zum Glauben finden würdest. Und da alles mehrere Bedeutungen hat – so haben wir es im Studium gelernt – könnte ich Dich auch erneut als Werkzeug Gottes bezeichnen.

Mein Dandy-Anzug von damals passt mir noch. Ich trage ihn gerade, denn ich soll auf eine Hochzeit gehen. Meiner Frau habe ich gesagt, ich käme nach. Doch ich gehe ihr voraus.

Nun aber schnell in den Wald. Alles wiederholt sich. Die Tiere werden ihre Logen bereits eingenommen haben. Das Seil ist etwas dicker als damals. Kein König (ein alter Freund von mir) wird heute auf die Lichtung treten, um dort ein Mädchen zu lieben.

Die Tiere nehmen ihre Plätze ein, ich will sie nicht warten lassen.

Noch etwas. Du bist nicht schuld, auch wenn man Dir vielleicht die Schuld geben wird. *Ego te absolvo.*

Johannes

P.S: Ich glaube, dass ich jetzt das Rätsel gelöst habe, das mich mein Leben lang verfolgt hat: Gott ist der Weißweintrinker, der aller Welt Streiche spielt. Mir. Und dir. Allen.

44

Mein Liebster ist tot. Mein Geliebter hat sich erhängt. Ich war nach der Lektüre des Briefes zurück zur Hochzeit gelaufen. Maria war noch dort. Ich zeigte ihr den Brief.

Ihr Mann sei oft im Wald spazieren gegangen, aber sie wisse nicht, wo.

Polizisten und Forstbeamte suchten die Nacht lang vergebens. Ein Liebespaar fand ihn am nächsten Tag.

45

Bei der Beerdigung hielt Maria die Trauerrede. Es waren sehr viele Menschen dort, ganz anders, als es bei mir sein wird. Draußen, am Grab, sangen die Vögel, Amseln und Lerchen, und ein Pirol, versteckt in einem Busch. Sie sangen so laut, dass man dachte, sie störten die Trauer; aber Maria griff das Singen der Vögel auf, und während sie einige Tränen nicht unterdrücken konnte, sagte sie, dass Gottes Schöpfung trotz aller Trauer schön sei, und tröstlich. Viele weinten, auch ich. Melzian stand neben der Witwe und sprach einige Worte, sprach kurz über Johannes' Leben. Seine Zeit als Dandy blieb unerwähnt. Auch mich er wähnte niemand.

Keiner gab mir die Schuld. Maria und Melzian hatten wohl nichts weitererzählt. Sogar die Hand drücken durfte ich ihnen. Ich warf eine Blume ins Grab, die ich auf dem Weg zum Friedhof am Wegrand gefunden hatte.

Die anderen würden noch seiner gedenken bei Kaffee und Kuchen. Ich aber war nicht eingeladen.

Meine Trauer fühlte sich leicht an. Danke, Johannes, für die schöne Zeit. Und in dem schwarzen Kleid, das ich im Schrank meiner Mutter gefunden hatte, begann ich auf dem Rückweg zu hüpfen. Mir kam Gottes Schläue in den Sinn, die es zuwege gebracht hatte, dass mein Liebster, obwohl selbst ungläubig, doch immerhin mich an den Glauben herangeführt hatte. Auch bei Gott bedankte ich mich. Gott hat nichts gegen die Freude, hatte Johannes einmal gepredigt; und selbst als ich in meine Nachbarschaft kam, wo alle es sehen konnten, gab ich das Hüpfen nicht auf.

46

Ein paar Tage später trat ich meinen Posten als Filialleiterin an. Was ich noch nicht wusste, hatte Peitsch mir gezeigt. Er muss mir, auf Schweizers Geheiß, auch noch eine Weile zur Seite stehen.

Wenn ich nun im Laden bin, ist alles wie immer. Im Büro aber, das ich nicht mehr Kabuff nenne, überfällt mich oft Trauer. Ein Stück Leben hat man mir abgenommen, wie ein Bein, wie ein Glied, und es tut weh.

Gülcan versucht, mich dann aufzumuntern, sie lauscht wohl an der dünnen Wand des Büros und hört mich schluchzen. Aber ihre Tröstungen wirken nicht, und auch ihre Umarmungen nicht mehr, ich weiß nicht warum. Wenn sie erzählt, um mich aufzuheitern, wie ihr Mann auf ihren Trick hereingefallen sei, kann ich nicht lachen. Ich vermute auch, dass er sie schlägt.

Ich bin wie in ein Kloster gegangen, ich bin eine Witwe. Liebe gibt es nicht mehr, nur als Erinnerung. Aber ich bete oft, und das hilft. Manchmal jedoch muss ich lachen, weil ich an die Vorwürfe denke, die ich ihm gemacht habe wegen Hiob. Gott ist einfach vieles egal, das weiß ich jetzt, und es hat etwas Tröstliches. Ja, es ist das Tröstlichste von allem.

Vom Studium hat mir das Sekretariat des Landesbischofs abgeraten; verbieten könne man es mir aber nicht.

Heute sind die Kundinnen aus der Neubausiedlung ausgeblieben. Gülcan war ganz aufgeregt, seit ihrer Hochzeit ist ihr die Arbeit im Schlotzen-Markt wichtiger denn je. Ich aber blieb kalt und ging ins Büro, um die Bestellungen aufzunehmen.

Durch die dünne Wand hörte man ein leises Brausen, erst hatte ich es nicht bemerkt. Dann dachte ich, dass Gülcan Radio hört. Früher durfte sie es nicht, nun habe ich es ihr, wenn niemand im Laden ist, erlaubt.

Was war das für eine seltsame Musik! Das war nicht die Türkenmusik, die Gülcan immer hörte, es schwoll an, ebbte ab, wie ein Atmen.

Ich stand auf. Der Laden war leer, weder das Radio lief, noch eine CD.

Gülcan steht vor der Tür und raucht. Aber seltsam, sie lauscht und hat das Rauchen vergessen.

Ich öffne die Tür.

Nun höre ich die Stimme und sehe, wo unsere Kundinnen sind. Sie stehen auf dem Parkplatz, den wir uns mit den anderen Geschäften teilen.

Diese Stimme, sagt Gülcan, hör nur! Das ist der Verrückte! Nun fällt es mir wieder ein. Er hatte vor der Kirche, auf dem Markplatz reden wollen, aber das Ordnungsamt hatte es nicht bewilligt.

Sollen wir zuhören gehen?

Aber wer ist dann im Laden? wendet Gülcan ein.

Lass uns hingehen, sage ich.

Und wir gehen hin, selbst als wir Peitschs Wagen kommen sehen.

Es ist ein aufgeschwemmter Mann in Johannes Alter, mit einer Säufernase. Doch wenn man seine Bewegungen sieht und seine Stimme hört, wird er wie durch ein Wunder plötzlich schön:

Gott schläft und wir müssen ihn wecken. Wieso sieht er nicht, wie es uns geht, wie verloren wir sind? Wieso hilft er uns nicht? Weil er schläft.

Ja, denke ich.

Was redet er? fragt Gülcan, was soll das heißen? Pst! antworte ich.

Jesus ist durchs Land gezogen und hat ihn aufgeweckt.

Aber dann ist Gott erneut in Schlaf gefallen. Nun müssen wir über die Erde ziehen. Immer mehr müssen wir werden und durch die Länder schweifen. Bis Gott aufwacht und hilft.

Er machte eine Geste und segnete uns. Und auch wenn diese Geste etwas Schaustellerisches hatte, so war sie doch heilig. Uns allen war klar, dass wir sie wieder erleben wollten. Wir blickten ihm nach, als er fortging. Drei aus der Menge gingen mit ihm, drei Frauen. Ich beneidete sie sofort.

Peitsch war neben mich getreten, ohne dass ich es bemerkt hatte. Auch er hatte die Geste gesehen. Als wir schweigend zurück in den Laden gingen, strömten die Kundinnen mit uns. Aber sie waren still, und auch ich machte keine Scherze, als sie an die Kassen drängten und kauften.

Morgen ist er im Nachbarort. Dort darf er auf dem Marktplatz sprechen. Morgen ist Sonntag.

Gut, dachte ich, während ich abkassierte. Morgen gehst du wieder hin. Und wenn er dir wieder gefällt, wirst du ihm folgen.

Bibliografische Information der Deutschen Nationalbibliothek
Die Deutsche Nationalbibliothek verzeichnet diese Publikation
in der Deutschen Nationalbibliografie; detaillierte bibliografische
Daten sind im Internet über http://www.dnb.de abrufbar.

ISBN: 978-3-96258-064-3

Alle Rechte vorbehalten
© 2020 PalmArtPress, Berlin

PalmArtPress
Verlegerin: Catharine J. Nicely
Pfalzburger Str. 69, 10719 Berlin
www.palmartpress.com

Lektorat: Genovefa Brugger
Gestaltung: NicelyMedia
Druck: Schaltungsdienst Lange, Berlin

Hergestellt in Deutschland

Aus dem Programm von PalmArtPress

Karin Reschke
Trümmerland – Kinderland
ISBN: 978-3-96258-042-1
Kurzgeschichten, 160 Seiten, Hardcover, Deutsch

IWolfgang Hermann
Der Lichtgeher
ISBN: 978-3-96258-061-2
Erzählung, 134 Seiten, Hardcover, Deutsch

Frederic Wianka
Die Wende im Leben des jungen W.
ISBN: 978-3-96258-050-6
Roman, 350 Seiten, Hardcover, Deutsch

Irene Stratenwerth
Hurdy Gurdy Girl
ISBN: 978-3-96258-062-9
Roman, 374 Seiten, Hardcover, Deutsch

Ingolf Brökel
friedenserhaltungssatz
ISBN: 978-3-96258-058-2
Lyrik, 120 Seiten, Hardcover, Deutsch

Matthias Buth
Die weiße Pest – Gedichte in Zeiten der Corona
ISBN: 978-3-96258-057-5
Lyrik, 250 Seiten, Hardcover, Deutsch

Peter Wortsman
Stimme und Atem / Out of Breath, Out of Mind
ISBN: 978-3-96258-034-6
Zweizüngige Erzählungen, 330 Seiten, Hardcover, Deutsch/Englisch

Markus Ziener
DDR, mon amour
ISBN: 978-3-96258-014-8
Roman, 228 Seiten, Hardcover, Deutsch

Wolfgang Nieblich
Mauersplitter
ISBN: 978-3-96258-038-4
Kunstlerbiografie, 400 Seiten, Hardcover, Deutsch

Wiebrecht Ries
Der Schatten der Zypressen
ISBN: 978-3-96258-044-5
Essayistik, 380 Seiten, Hardcover, Deutsch

Eve Joseph
Wortgefechte
ISBN: 978-3-96258-060-5
Miniaturen, 90 Seiten, Hardcover, Deutsch

Klaus Ferentschik
Kalininberg & Königsgrad
ISBN: 978-3-96258-043-8
Miniaturen, farb. Abb., 112 Seiten, Hardcover, Deutsch

Sara Ehsan
Bestimmung / Calling
ISBN: 978-3-96258-065-0
Lyrik, 156 Seiten, Hardcover, Deutsch/Englisch

Bianca Döring
Im Mangoschatten - Von der Vergänglichkeit
ISBN: 978-3-96258-026-1
Textcollage, 138 Seiten, Hardcover, Deutsch

Carmen-Francesca Banciu
Fleeing Father / Vaterflucht
ISBN: 978-3-96258-048-3
Roman, 280 Seiten, Klappenbroschur, Deutsch/Englisch

Sibylle Prinzessin von Preußen, Friedrich Wilhelm Prinz von Preußen
The King's Love –
Frederick the Great, His Gentle Dogs and Other Passions
ISBN: 978-3-96258-047-6
Biografie, 168 Seiten, Klappenbroschur, Englisch

Manfred Giesler
Rosa Krabben auf Papier
ISBN: 978-3-96258-066-7
Szenen, 240 Seiten, Klappenbroschur, Deutsch

Raimund Petschner
Kurze Entfernung aus dem Gespräch
ISBN: 978-3-96258-028-5
Miniaturen, 198 Seiten, Hardcover, Deutsch

Carmen-Francesca Banciu
Lebt Wohl, Ihr Genossen und Geliebten!
ISBN: 978-3-96258-003-2
Roman, 376 Seiten, Hardcover, Deutsch

Gesine Palmer
Tausend Tode – Über Trauer reden
ISBN: 978-3-96258-041-4
Essayistik, 158 Seiten, Hardcover, Deutsch

Wolf Christian Schröder wurde in Bremen geboren. Kindheit und Jugend verbrachte er in Kiel und Tübingen, später in England. Danach Studium der Slawistik an der Freien Universität Berlin. Dramenübersetzungen aus dem Russischen und Englischen. Erster Roman: „Dronte, eine Geschichte aus der Freizeit." Schreiben eigener Bühnenstücke, Auftrag für das Hamburger Schauspielhaus. Weitere Stücke in Hamburg, Hannover, Münster, Aachen und Konstanz uraufgeführt. Libretto zum Musical „Die Liebe" im Ballhaus Ost, Berlin. Performance im Literaturhaus Berlin zur Romanvorstellung „Harthaus". Zuletzt erschien der Roman „Honka mordet nicht mehr". Alfred-Döblin-Stipendium; Arbeitsstipendium: Künstlerhaus Villa Waldberta, Starnberger See.